智库 中社
国家智库报告 2017（36）
National Think Tank
“一带一路”

中国和伊朗共建“一带一路”的新机遇与风险评估

陆瑾 王建 著

CHINA AND IRAN JOINTLY BUILD “THE BELT AND ROAD”: NEW OPPORTUNITIES AND RISK ASSESSMENT

中国社会科学出版社

图书在版编目(CIP)数据

中国和伊朗共建“一带一路”的新机遇与风险评估/陆瑾，王建著.
—北京：中国社会科学出版社，2017.10
（国家智库报告）
ISBN 978-7-5203-1240-0

Ⅰ.①中… Ⅱ.①陆…②王… Ⅲ.①“一带一路”—国际合作—研究—中国、伊朗 Ⅳ.①F125.537.3

中国版本图书馆 CIP 数据核字（2017）第 261001 号

出 版 人　赵剑英
责任编辑　王　茵
特约编辑　范晨星
责任校对　李　莉
责任印制　李寡寡

出　　版　中国社会科学出版社
社　　址　北京鼓楼西大街甲 158 号
邮　　编　100720
网　　址　http://www.csspw.cn
发 行 部　010-84083685
门 市 部　010-84029450
经　　销　新华书店及其他书店

印刷装订　北京君升印刷有限公司
版　　次　2017 年 10 月第 1 版
印　　次　2017 年 10 月第 1 次印刷

开　　本　787×1092　1/16
印　　张　7.75
字　　数　80 千字
定　　价　36.00 元

摘要：中国和伊朗友好交往的历史和相互需求的现实为双方共建“一带一路”打下了坚实的基础，并使伊朗成为“一带一路”建设中的重要支点国家。中国和伊朗经济互补性强，并且有长期合作的基础和共同的发展需求，有利于双边共建“一带一路”。中伊全面战略伙伴关系的确立将中伊关系推向新高度，双方共建“一带一路”迎来了新机遇。中伊共建“一带一路”也面临着严峻的现实问题，困难和风险不容忽视。抓住新机遇，从问题入手，控制风险，是中国和伊朗共建“一带一路”的关键。

关键词：中国；伊朗；“一带一路”；新机遇；风险评估

Abstract: The history of friendly exchanges between China and Iran and the reality of mutual needs have laid a solid foundation for jointly building " the Belt and Road, and make Iran a key node country in " the Belt and Road" construction. Sino-Iranian bilateral economies are highly complementary, having a long-term basis for cooperation and common development needs. These conditions are favorable for building the " Belt and Road". The establishment of a comprehensive strategic partnership between China and Iran takes Sino-Iranian relations to a new height and brings new opportunities for jointly build " the Belt and Road". There are serious practical problems during jointly build " the Belt and Road" now. The difficulties and risks can not be ignored. It is the key for China and Iran jointly build " the Belt and Road" to seize new opportunities, find problems and control risks.

Key Words: China; Iran; the Belt and Road; New Opportunities; Risk Assessment

前　言

西亚地区是中国推进“一带一路”建设的重要地区，为全方位了解中国在西亚地区推进“一带一路”建设所面临的国际风险以及中国与西亚国家在“一带一路”框架下的国际合作空间，中国社会科学院西亚非洲研究所在2015年设立了中国社会科学院国情调研项目《“一带一路”在西亚面临的国际风险与合作空间》，主持人为所长助理、国际关系研究室主任王林聪研究员。项目组的任务就是通过多渠道的调研，了解西亚国家对“一带一路”的认知、共建“一带一路”的机遇与风险，并提出相应的对策。本报告的两位作者就是项目组中负责伊朗调研的。项目组进行了多种形式的调研，包括面对面访谈、利用通信工具访谈、座谈会和收集网络、报刊等媒体资源的方式，通过与伊朗政府官员、专家学者、新闻记者、普通民众等的交流，就伊朗国内对“一带一路”的认知状况、中国和伊朗如何更好地推动“一带一路”建设和促进民心相通、双方共建“一带一路”需要应对的挑战和困难，以及后制裁时代中国和伊朗在“一带一路”框架下的合作前景等问题，进行了充分的调研。陆瑾博士于2015年7—8月前往德黑兰进行了为期一个多月的实地调研。课题组成员在2015年9月30日与伊朗驻华使馆正、副文化参赞进行了座谈，就相关问题特别是“一带一路”建设如何加强人文交流进行了专题交流。课题组成员多次参加有关学术会议，听取伊朗学者的看法。课题组还收集了大量伊朗媒体的相关报道。2015年年底，国情调研项目结项并撰写了《“‘一带一路’在西亚面临的国际风险与合作空间”之中国和伊朗共建“一带一路”的合作空间和风险挑战》。

国情调研项目结项后，我们继续跟踪研究中国和伊朗共建“一带一路”的进展，尤其是2016年1月习近平主席成功访问伊朗，中伊确立全面战略伙伴关系，中伊合作迈上了新台阶，中伊共建“一带一路”迎来了新的机遇。为进一步了解习近平主席访问伊朗一年多来，伊朗国内对“一带一路”认知的变化，以及双方合作的新进展，陆瑾博士于2017年6—8月再赴伊朗实地调研，得到大量的第一手资料。根据一年多来中伊共建“一带一路”的新情况，课题组对国情调研项目的结项报告进行了补充，形成本报告。

伊朗地处东西交汇之地，素有“欧亚路桥”和“东西方空中走廊”之称。在古代“丝绸之路”上，伊朗就是这条东西方交流之路的重要参与者和建设者，为推动人类文明的交融与进步做出了巨大的贡献。在当今全球化时代，伊朗丰富的自然资源、重要的区位优势和悠久的文明，使其在区域经济合作及亚欧大陆互联互通建设中发挥着重要的桥梁作用。中伊两国友好交往的历史和相互需求的现实为双方共建“一带一路”打下了坚实的基础，并使伊朗成为“一带一路”建设中的重要支点国家。2016 年 1 月 22—23 日，中国国家主席习近平访问伊朗，在与鲁哈尼总统会谈中，双方一致同意建立中伊全面战略伙伴关系，将中伊关系推向新高度，为落实两国发展战略对接增添了新动能，共建“一带一路”迎来了新机遇。

2017 年 5 月 19 日，鲁哈尼再次当选总统，表明其温和的内外政策受到国内选民的支持，伊朗将沿着以经济建设为中心，继续经济改革和对外开放的道路前行。鲁哈尼在第二任期就职典礼上强调，他领导的新政府将着眼经济改革，致力于改善与外部世界的关系，希望通过吸引国内外投资来提振经济，优先解决高失业率、贫困人口生活，以及环境和水资源等与民生密切相关的问题。鲁哈尼在总统府接见出席其就任仪式的中国国家主席习近平特使、国家发展和改革委员会主任何立峰时表示，伊方高度重视发展伊中关系，始终将中国作为伊朗外交政策的优先方向，愿与中方深入对接经济发展战略，推动两国各领域务实合作全面提质增效。

中国和伊朗经济互补性强，并且有长期合作的基础和共同的发展需求，有利于双边共建“一带一路”。当然，中伊共建“一带一路”也面临着严峻的现实问题，困难和风险不容忽视。伊朗国内市场体系仍待完善，中东地缘政治错综复杂，尤其是美国特朗普政府对伊朗采取强硬政策有可能使中东局势再度生变，这些都将对中国和伊朗在“一带一路”倡议下的经济合作形成掣肘。抓住新机遇，从问题入手，控制风险，是中国和伊朗共建“一带一路”的关键。

目　录

一　伊朗基本国情及特点

（一）伊朗基本国情

伊朗伊斯兰共和国（The Islamic Republic of Iran）位于北纬 25—40 度，东经 44—63.5 度，在亚洲西南部，同土库曼斯坦、阿塞拜疆、亚美尼亚、土耳其、伊拉克、巴基斯坦和阿富汗相邻，南濒波斯湾和阿曼湾，北隔里海与俄罗斯和哈萨克斯坦相望。国土面积为 164.5 万平方公里，海岸线长 2700 公里。境内多高原，东部为盆地和沙漠。属大陆性气候，冬冷夏热，大部分地区干燥少雨。自然资源十分丰富，尤其是石油和天然气储量居世界前列。

伊朗全国共有 31 个省。首都德黑兰（Tehran）是全国的政治、经济、文化和科研中心，人口 1100 万，平均海拔 1220 米；年气温最高的月份为 7 月，平均最低和最高气温分别为 22℃和 37℃；年气温最低的月份为 1 月，平均最低和最高气温分别为 3℃和 7℃。

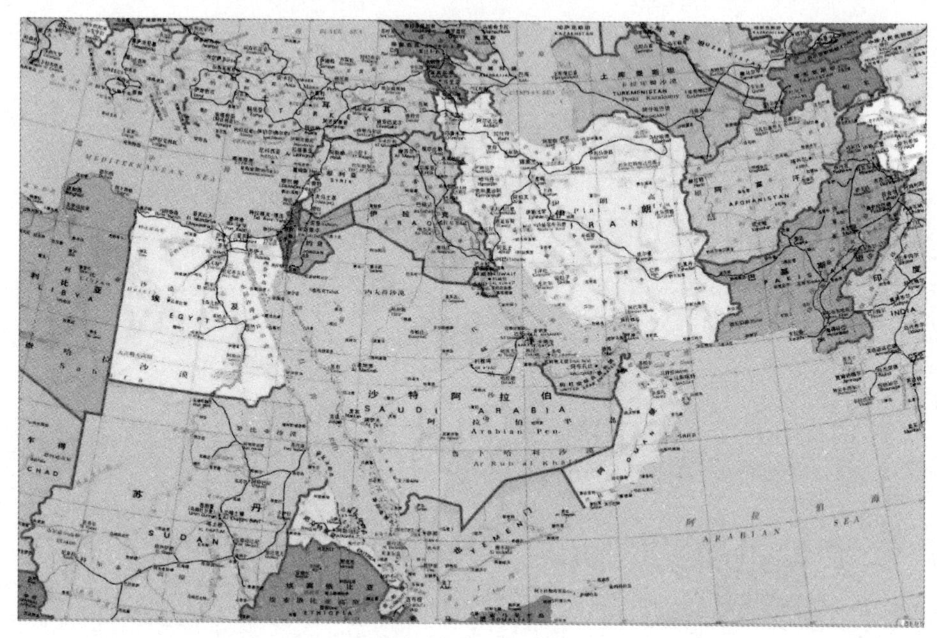

图 1　伊朗地理位置图

资料来源：https：//image. baidu. com/。

伊朗全国有 40 多个民族，全国人口中波斯人占 66%，阿塞拜疆人占 25%，库尔德人占 5%，其余为阿拉伯人、土库曼人等。官方语言为波斯语。伊斯兰教为国教，98. 8% 的居民信奉伊斯兰教，其中 91% 为什叶派，7. 8% 为逊尼派。根据世界实时统计数据网站的数据，2017 年 9 月伊朗人口为 8135. 25 万人，是世界第 18 大人口国，在中东仅次于埃及，每平方千米人口为 50 人，城市人口为 6055. 28 万人，占总人口的

74.6%，年龄中位数是30.1岁。[①] 根据世界银行的统计，伊朗平均寿命为75.7岁，生育率1.7%，城镇人口增长率1.9%。[②] 伊朗人口超过百万的城市有6座，分别是德黑兰（770.5万人）、马什哈德（241.1万人）、伊斯法罕（158.3万人）、大不里士（137.9万人）、设拉子（120.5万人）、库姆（104.2万人），阿瓦士和克尔曼沙的人口也都超过了50万人，分别为79万人和64.3万人。[③]

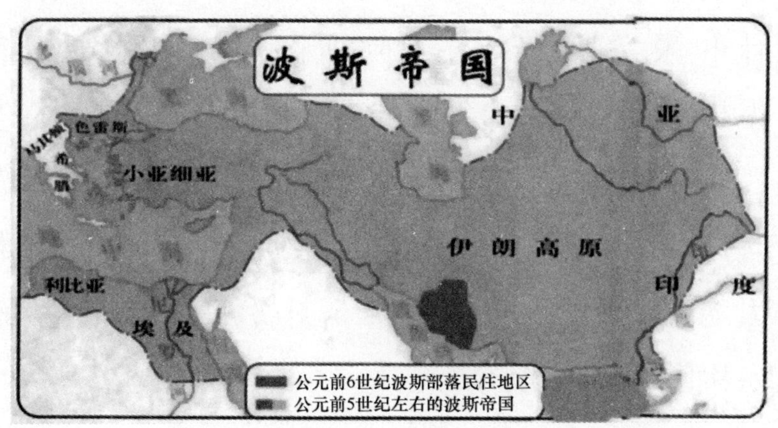

图2 古代波斯帝国疆域

资料来源：https：//image. baidu. com/。

① Worldometers：Iran Population（Live），http：//www. worldometers. info/world-population/iran-population/.

② 世界银行数据，世界银行网站，http：//databank. worldbank. org/data/reports. aspx?source = 2&country = IRN#/2017 - 9 - 13/。

③ Country Report：Iran，Economist Intelligence Unit limited，March 8th 2016，p. 15.

伊朗是一个历史悠久的文明古国，史称波斯，历史人文遗产丰富。公元前6世纪的波斯帝国盛极一时，成为第一个地跨亚非欧三洲的帝国。公元7世纪以后，先后遭到阿拉伯人、突厥人、蒙古人、阿富汗人的入侵和统治。18世纪后期，伊朗东北部的土库曼人恺伽部落建立恺伽王朝。19世纪以后逐步沦为英国和俄国的半殖民地。1925年礼萨·汗建立巴列维王朝，实行君主立宪制，并于1935年改国名为伊朗。1978—1979年的伊斯兰革命推翻了巴列维王朝。1979年2月1日，伊朗什叶派宗教学者（大阿亚图拉）鲁霍拉·穆萨维·霍梅尼结束长达15年的流亡生活，由巴黎回到德黑兰，宣布废除君主立宪制度，成立伊斯兰临时革命政府。1979年4月1日，建立伊斯兰共和国，霍梅尼成为伊朗最高领袖。1989年6月3日，霍梅尼病逝，哈梅内伊继任领袖至今。

（二）伊朗政局长期保持稳定

1979年12月伊朗颁布第一部宪法，规定伊朗伊斯兰共和国实行政教合一制度。1989年4月对宪法进行部分修改，再次强调伊斯兰信仰、政治体制、伊斯兰教规以及最高领袖的绝对权力不容更改。同年7月，最高领袖哈梅内伊正式批准经全民投票通过的新宪法。

由于实行教法学家领导下的三权分立制度，伊朗的政治体制由宗教权力机构和民选机构两大部分组成，体现了宗教政治和共和政治的二元性。宗教权力高于民选权力，宗教领袖领导整个国家政治体系，权力覆盖了各大治国机构，而总统只领导政府行政机构，且并未覆盖所有的行政事务，很大一部分的行政事务由最高领袖负责领导。“在伊斯兰教基础上的依法治国”“领袖的绝对领导”“人民享有伊朗特色的民主”“三权相互制约与平衡”和“政治派别的竞争影响政治发展方向”是伊朗政治制度的五大特色。

在伊斯兰权力体系层面，宗教领袖掌握国家政治的最高领导权，把握国家总路线，担任武装力量总指挥，监督总统的选举、任命和罢免，拥有直接任命和罢免国家重要机构领导人的权力。这些重要机构包括专家会议、宪法监护委员会和确定国家利益委员会等机构。

伊朗宪法规定专家会议为常设机构，由公民投票选举 86 名法学家和宗教学者组成，其职责是选定和罢免领袖。每年举行两次会议。

宪法监护委员会由 12 人组成，其中 6 名教法学家由领袖直接任命，另 6 名普通法学家由司法总监在法学家中挑选并向议会推荐，议会投票通过后就任，任期 6 年。主要负责审核专家会议、总统、议会和内阁等权力机构成员的候选人资格，监督专家会议、总统和伊斯兰议会选举及公民投票，批准议员资格书和解释宪法；审议和确认议会通过的议案，裁定是否与伊斯兰教义和宪法相抵触，如有抵触则退回议会重新审议和修改。如与议会就议案发生争议且无法解决，则提交确定国家利益委员会进行仲裁。

1988 年 3 月 17 日，伊朗成立确定国家利益委员会并于 1989 年 7 月得到宪法确认。其主要职责是为领袖制订国家大政方针出谋划策，协助领袖监督、实施各项大政方针，当议会和宪法监护委员会就议案发生分歧时进行仲裁。2017 年 8 月 14 日，最高领袖哈梅内伊任命了第七届确定国家利益委员会，任期 5 年。阿亚图拉·哈什米·沙赫鲁迪被任命为委员会新主席，莫森·雷扎伊再次连任委员会秘书。根据最高领袖的命令，本次新任命的法定成员 10 名，包括行政、立法和司法三权机构负责人、宪法监护委员会 6 名教法学家、武装力量总参谋长，另有资质成员 38 人（其中 2 人与法定成员重复），实际总人数 46 名。

伊朗宪法规定，由领袖任命一位公正且精通司法事务并具有领导能力的“经学权威”担任司法总监，任期 5 年。司法总监是司法部门的最高领导，直接向领袖汇报工作，并负责任命最高法院院长和总检察长及向总统推荐司法部长。

在伊斯兰权力体系层面，还有伊斯兰革命委员会、伊斯兰法庭等权力机构，伊斯兰革命卫队、巴斯基（民兵）等强制力量和伊朗真主党、伊斯兰基金会等非强制力量。

在民选权力体系层面，总统、议会和地方议会通过直接民选产生，民选政府受到宗教机构的制约。

伊斯兰议会是伊朗最高国家立法机构，实行一院制。议会负责审批政府财政预算及同外国签订的一切条约、协议，有权质询和弹劾总统、部长。议会通过的法律须经宪法监护委员会批准方可生效。议员共290名，由选民直接选举产生，任期4年。1979年的宪法规定，由民选产生地方政府和议会，但在1999年才举行第一次市、镇和村议会的选举。

伊朗实行总统内阁制。总统是继领袖之后的国家最高领导人，是政府首脑，可授权第一副总统掌管内阁日常工作，并有权在无须议会批准的情况下任命数名副总统，协助主管专门事务。除第一副总统外，副总统的重要性无法与负责具体行政事务的内阁部长相比。根据伊朗宪法，每位副总统一般负责一个与总统事务有关的组织机构。在总统缺席的情况下，第一副总统可主持内阁会议。2013年6月，鲁哈尼当选伊朗总统。2017年5月19日，鲁哈尼再度赢得总统选举。现任第一副总统为埃沙格·贾汉吉里，自2013年8月

15 日起担任此职。

伊朗政局长期稳定，被认为是中东地区政治最为稳定的国家之一。伊朗的体制结构因存在“多元权力中心”，因而内政的重要特征是各机构之间形成彼此制约。同时，不同派系或阵营为争夺政坛主导权不断分化重组。宪法监护委员会通过筛选候选人使政治竞争保持在体制内部，内政外交的最终决策权由最高领袖哈梅内伊掌握，能够实现较好地维护政权稳定。伊朗伊斯兰共和国政权运行近 40 年来，积累了丰富的维护国家安全稳定、抵御外来干涉和颠覆的实践经验，不仅成为中东剧变中为数不多的保持了国内政局稳定的国家，而且在剧烈动荡的中东地缘政治环境中不断扩大影响，对地区安全的影响和作用日益增强，尤其在打击恐怖主义和维护地区安全方面是不容忽视的重要力量。

2016 年 2 月 26 日，伊朗举行了第 10 届议会和第 5 届专家委员会选举。这是伊朗和美国、俄罗斯、中国、英国、法国、德国就核问题达成《联合全面行动计划》（以下简称《伊核协议》）后举行的首次选举，其结果对伊朗未来的政治经济发展走向有着重大影响。鉴于现任领袖哈梅内伊的年龄和身体状况，而遴选最高领袖是伊朗宪法赋予专家委员会的职责，在第 5 届专家委员任期 8 年间推举出哈梅内伊继任者的概率很高，故此次专家委员会的选举格外引人注目。议会和专家委员会成员都由民选产生，很大程度上能够代表民众的意愿，但由于所有报名参选者必须经过宪法监督委员会的资格审查才可成为候选人，因此是有限的民主选举。

伊朗现行政治体制和权力分配体系使各机构之间形成彼此制约机制，对维护国家政权稳定起了重要作用，现任最高领袖哈梅内伊掌握内政外交的最终决策权。进入后霍梅尼时代，即 20 世纪 90 年代以来，伊朗政坛主要活跃着三股政治力量：改革派、保守派（原则派）和务实派（温和派）。保守派长期控制国家要害部门和影响伊朗政治的走向。在 2016 年 2 月的议会选举中，伊朗内政部也是将候选人分为改革派、保守派、温和派和独立人士来计票。由于伊朗的竞选是政治派别之间、政治派别内部或单纯候选人个体之间的竞争，因此以政治主张划分的派别之间存在交集，如：温和派的代表鲁哈尼被认为属于保守派而不是改革派人士，但主张改革。由于一些候选人同时出现在对立阵营的推举名单上，从而造成各派得票的统计数据存在一些差异。三股力量主导的派系斗争尤其是保守派与改革派之间的争权夺利导致伊朗政治内耗十分严重，但哈梅内伊通过平衡各派权力避免了内部斗争对政权稳定造成冲击，例如在 2016 年 2 月举行的议会选举中，长期遭软禁的改革派人士、绿色运动领袖穆萨维及其夫人获准投票，就被认为是哈梅内伊在派系斗争中寻求平衡。

在2016年议会和专家委员会选举前，阿雷夫领导的改革派、鲁哈尼主导的温和派和务实派的拉夫桑贾尼结成“改革派联盟”，成为前议长哈达德·阿德尔为首的“保守派联盟”的最大竞争对手。“改革派联盟”提出“希望，安宁和经济繁荣”的竞选口号，“保守派联盟”则以“生活，安全和进步”为竞选纲领，虽然经济建设是双方共同的关注点，但主张通过不同的路径实现国家经济强大。“改革派联盟”把与包括美国在内的西方国家改善关系作为必要条件，主张积极进行国内经济改革和大力吸引外国的资金和技术。保守派强调坚持伊斯兰革命路线和独立、自主的原则，主张不向美国和西方霸权主义妥协，坚持认为向西方资本敞开大门将导致西方意识形态入侵。“改革派联盟”在德黑兰选区获得了全部的30个席位，但“保守派联盟”在德黑兰以外的一些地区取得了胜利。在议会总共290个席位中，改革派和保守派均获得80个左右的议席，还有60多个议席被宗教少数派和独立人士获得。有68个议席由于候选人均未获得四分之一以上的选票，需通过补选产生。[①] 在4月举行的补选之

① 新华社：《伊朗议会补选结果显示改革派占上风》，2016年4月30日，新华网 http://news.xinhuanet.com/world/2016-04/30/c_1118779220.htm。

后，改革派与温和派议员的人数自2004年以来首度超越保守派对手，改革派人士在遭受多年的排挤后重在国家权力机关内部力量大增。"改革派联盟"在新议会中略占优势有助于鲁哈尼推动经济改革，并且大大提高了他在2017年6月的总统选举中赢得连任的机会。

2017年5月19日，伊朗举行总统选举，鲁哈尼以57%的得票率战胜得票率为38.5%的保守派宗教人士莱希。8月，鲁哈尼顺利组建新政府内阁，其提名的部长人选得到伊斯兰共和国成立以来议会议员所投平均信任票的最高值。在考虑部长人选的过程中，鲁哈尼征求了最高领袖哈梅内伊的意见，并且一如其第一届内阁政府选择改革派、保守派、温和派和自由人士等各种政治身份的行业专家担任部长。除工作技能外，相互之间能否团结协作也是鲁哈尼遴选部长的重要考量。[①] 新一届内阁与上一届的区别在于，鲁哈尼与所有内阁成员在过去4年里都有直接或间接的工作关系，比较了解和熟悉。一半的上届部长得以留任，有几位新部长是上届的副部长，有助于政策和计划的延续。

从议会选举到总统选举，表明鲁哈尼奉行的温和路线得到多数选民的支持，议会与政府同向而行，总

① 《鲁哈尼发表电视讲话》，2017年8月30日，伊朗政府网站，http：//dolat.ir/detail/298230/2017-8-30/。

统与领袖保持沟通，这决定了未来一段时间内伊朗内政外交将呈现以下特征和趋势：

首先，伊朗政坛进入由温和派主导的时代，将继续温和、务实的内政外交路线。民众积极参与投票表明对国家政治制度的认可，以及希望把所支持的各党派中的温和力量送入议会和专家委员会，排除极端和激进分子，以免新议会继续阻碍鲁哈尼施政和进行渐进式改革。民众用选票表达了对鲁哈尼总统政绩的肯定，向政权决策者发出支持政府现行政策的强烈信号，因此可以预期，对内以经济建设为中心，对外积极与国际社会互动，将是鲁哈尼第二任期的内外政策特征。

其次，伊朗政坛的派系斗争有望弱化，政治内耗减少有助于伊朗政坛的稳定。自 2013 年代表温和派的鲁哈尼总统执政以来，伊朗派系斗争呈现出弱化的迹象，伊朗民众不仅渴望国家经济发展，而且希望政治社会稳定，对于长期以来国内激烈且复杂的政治派系斗争深恶痛绝。在竞选过程中，改革派在其绝大多数候选人被取消竞选资格后没有像以往那样号召民众抵制选举，而是在自己的推举名单中加入了保守派人士。这些迹象表明，伊朗政坛的派系斗争相对缓和，保守和改革两大阵营将以更加健康的方式进行政治竞争。新议会中各派势力比较平衡，将更有助于伊朗政坛的稳定及减少立法和行政两权之间的矛盾。

最后，后哈梅内伊时代伊朗政局的发展走向将逐渐成为伊朗政治的新议题。《伊核协议》达成之后，鲁哈尼政府对内转向以经济建设为中心，对外进一步加强与国际社会的互动，顺应了民众渴望国家经济发展、政治社会稳定的强烈诉求。但是，伊朗政治体制的特殊性使最高领袖有最终决策权。鲁哈尼的政策主张能够得以实施，离不开最高领袖的支持或默许。鉴于哈梅内伊本人年事已高，其健康状况受到伊朗国内外的普遍关注，领袖继承人问题将是伊朗政坛未来的焦点。2016 年的专家委员选举结果仍然是保守派成员继续占多数，极端保守派 89 岁的贾纳提当选为专家委员会主席，属“改革派联盟”的专家委员会成员拉夫桑贾尼于 2017 年 1 月 8 日突然离世，削弱了专家委员会中温和派和改革派的实力。因此，伊朗如何向后哈梅内伊时代过渡，伊朗政局走向和发展路径的选择须密切关注。

（三）伊朗经济面临重重困难，但发展潜力巨大

石油产业是伊朗经济支柱和外汇收入的主要来源之一，当前伊朗的石油产能在欧佩克成员国中仅次于沙特和伊拉克排第三位。此外，伊朗还有炼油、钢铁、

电力、纺织、汽车制造、机械制造、食品加工、建材、地毯、家用电器、化工、冶金、造纸、水泥和制糖等产业，但基础相对薄弱，大部分工业原材料和零配件需要依赖进口。

农业在伊朗的国民经济中占有重要地位，农耕资源丰富，农业出口创汇占国家外汇总额的15%。伊朗全国可耕地面积超过5200万公顷，占国土面积的30%以上，已耕面积1800万公顷，其中可灌溉耕地830万公顷，旱田940万公顷，农民人均耕地5.1公顷。农业机械化程度较低，其综合收割机与拖拉机保有量分别为1.3万台和36万台。近年来，伊朗政府高度重视、大力发展农业，目前粮食生产已实现90%的自给率。

伊朗的主要出口商品为油气、金属矿石、皮革、地毯、水果、干果及鱼子酱等，主要进口产品有粮油食品、药品、运输工具、机械设备、牲畜、化工原料、饮料及烟草等。伊朗是世界第一大藏红花生产国，总产量占世界产量的95%。

受到因核问题带来的国际制裁和国际大宗商品市场疲软的影响，伊朗近年来的经济增长放缓，甚至出现负增长的现象。2015年伊朗国内生产总值（GDP）约3934.36亿美元，[①] 人均近4900美元。经济总量为

① 世界银行数据，世界银行网站，https：//data. worldbank. org. cn/indicator/NY. GDP. MKTP. CD? locations = IR&view = chart。

中东北非地区第三名，是地区经济大国。根据伊朗驻华大使在接受采访时提供的数据，2016 年伊朗经济中，服务业占 50%，工业占 49%，农业占 9%。①

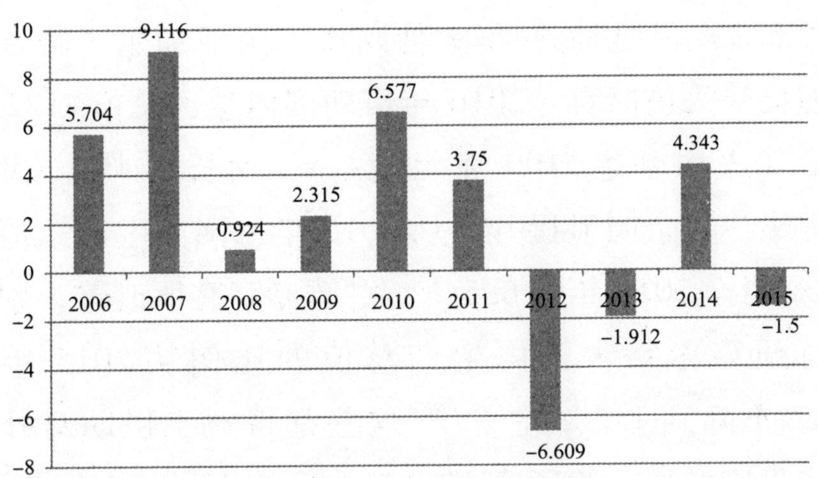

表 1　2006—2015 年伊朗国内生产总值年增长率（%）

资料来源：世界银行数据，世界银行网站，https：//data. worldbank. org/indicator/NY. GDP. MKTP. KD. ZG？end = 2015&locations = IR&start = 1961&view = chart。

2016 年 1 月《伊核协议》正式执行后，美欧逐步解除涉伊核问题制裁，伊朗的发展潜能得到一定的释放，加之国际市场石油价格有所反弹，经济呈现增长势头。伊朗国家统计中心最新报告显示，伊历 1395 年度（2016 年 3 月至 2017 年 3 月）伊朗经济增长

① 《专访伊朗、阿富汗驻华大使：“一带一路”的投资新机遇》，《中国经济周刊》2017 年第 22 期，新浪网，http：//finance. sina. com. cn/roll/2017 – 06 – 05/doc-ifyfuzny3371802. shtml。

8.3%，其中农业增长5%，工业（含矿业、制造业、能源和建筑业）增长11.3%，服务业增长7.1%。伴随着与核问题相关的制裁的解除，伊朗石油及相关产品的产量和出口大增，带动经济强劲增长，非油经济增长6.3%。[①] 伊朗驻华大使阿里·阿斯加尔·哈吉先生在接受采访时称，2016年伊朗国内生产总值4122亿美元（人均可达5100美元左右），增长6.4%。伊朗经常账户盈余明显提升，从2015年占国内生产总值的2.7%增至2016年的6.5%；财政赤字有所改善，中央政府预算赤字占国内生产总值的比例从2015年的1.9%下降到1.5%左右。[②] 这些都得益于伊朗对外贸易的快速增长，2016年进出口总额约2295.24亿美元，其中出口额1315.54亿美元，进口额979.70亿美元。2017年伊朗对外贸易进一步呈强劲增长态势，仅第一季度进出口总值就达1471.13亿美元，其中出口额839.78亿美元，进口额631.35亿美元。[③]

① 中国驻伊朗经商参赞处：《伊历去年伊朗经济增长8.3%》，2017年6月4日，中华人民共和国商务部网站，http：//ir. mofcom. gov. cn/article/jmxw/201706/20170602586052. shtml/2017－9－14/。

② 《专访伊朗、阿富汗驻华大使："一带一路"的投资新机遇》，《中国经济周刊》2017年第22期，新浪网，http：//finance. sina. com. cn/roll/2017－06－05/doc-ifyfuzny3371802. shtml。

③ 伊朗进口数据，全球经济指标数据网（TradingEconomics），https：//tradingeconomics. com/iran/imports；https：//tradingeconomics. com/iran/exports。

虽然2016年伊朗经济增长取得了可喜的成绩，但问题也很突出。民众普遍认为，经济增长并未使自己感到生活得到改善。问题在于，伊朗过去一个财年（2016年3月至2017年3月）的经济增长主要倚重的是油气资源出口。如果不计算石油行业的增长，过去一年的经济增长仅为不到1%。伊朗国家统计中心的报告显示，伊朗原油产量从之前的300万桶/天，增产至伊历1395年年末的380万桶/天，出口量超过200万桶/天。在制裁时期，伊朗的原油产量曾跌至250万桶/天，出口量100万桶/天。由于石油行业不是劳动密集型产业，不能很好地解决就业问题。因此从2016年3月到2017年3月，伊朗石油产量和出口量大幅提升的同时，官方公布的失业率从11%增加到12.45%，实际的失业率很可能会远高于这一数字。

2013年以来，伊朗的通货膨胀率持续走低，从34.73%降至2016年的8.87%（美国中央情报局的数据是8%，世界银行的数据是4.6%）。伊朗26年来通胀率首次降至个位数是鲁哈尼政府推动经济改革政策取得的最重要成果。2017年以来，伊朗通胀率又出现了小幅回升，6月为10.2%，但总体在可控范围，全年目标为低于8%。[①] 一些持批评观点的伊朗经济学家则

① 《鲁哈尼发表电视讲话》，2017年8月30日，伊朗政府网站，http：//dolat.ir/detail/298230/2017-8-30/。

认为，鲁哈尼控制通胀的政策导致伊朗国内投资不足，经济低迷，导致失业率连续三年维持在12%左右。

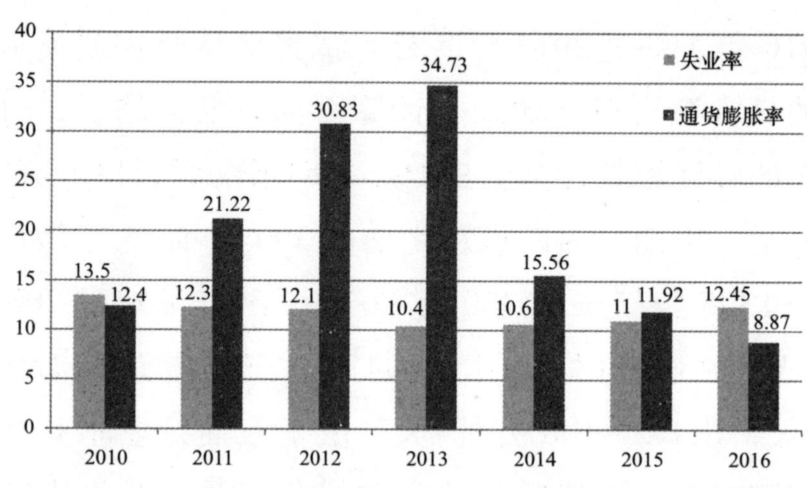

表2　2010—2016年伊朗的失业率和通货膨胀率（%）

资料来源：statista，https：//www. statista. com/statistics/294320/iran-inflation-rate；https：//www. statista. com/statistics/294305/iran-unemployment-rate/。

2013年7月，鲁哈尼政府将官方汇率从2012年设定的12260里亚尔兑1美元下调至25000里亚尔兑1美元，并允许汇率根据市场状况有限浮动。这项改革使平行市场和官方市场的汇率差距缩小，伊朗货币大幅度贬值的状况得到明显改善。2014—2016年，伊朗汇率基本保持相对稳定，外汇市场平均汇率每年上涨幅度未超过5.2%。通货膨胀率的下降、石油收入的增加、进出口贸易的扩大、外资的引入，为过去两年来里亚尔贬值幅度减弱提供了一定保障。但里亚尔稳定的基础依然脆弱，易受到突发政治事件的干扰。[①] 2016年12月，里亚尔兑美元自由市场汇率三周内累计跌幅高达29%。造成本轮汇率大幅波动的一个重要原因就是担心对伊朗持强硬政策的特朗普上台后会增加对伊朗的制裁。伊朗政府计划近期内废除双重汇率制度，建立单一汇率体系。这种结构性的改革、西方制裁重新强化和地缘政治形势变化都可能会引发汇率大幅度波动。

伊朗税收政策改革目标是大幅减少政府对石油收入的依赖，更系统地增加税收收入。2013年伊朗国税局宣布将增值税的税率上调1%，当年的税率从3%调整到4%。2015年3月，经议会批准，政府进一步将增值税税率上调到9%，以增加因原油价格下跌而减少的政府收入。同年8月，鲁哈尼签署新税法，削减部分伊斯兰基金会和革命卫队下属公司的经济特权，促使伊朗市场竞争机制更加公平，增加政府税收收入。伊斯兰基金会和革命卫队下属公司等在伊朗经济中占有重要份额，但其经济活动不透明，且游离于政府控制之外，严重地影响了政府的税收收入。目前，税收收入占伊朗政府总收入的36%，占年度预算的50%，而石油收入仅占预算的30%左右。

---

① Economist Intelligence Unit limited，Country risk service January 2017：Ratings Report-Iran，p. 3.

伊朗经济长期面对一系列问题和挑战：高失业率、高通胀率、高补贴、全要素生产率低且多数国民不参与国家财富创造、贫困面广、收入分配不合理、税收占政府收入低、外国投资不足、经济对外依存度高且在世界贸易中贡献率低、私有化进程缓慢等。多年的制裁对伊朗经济发展确实产生了很大的负面影响，但长期以来制约伊朗经济实现良性发展的主要原因是体制性问题。尽管鲁哈尼总统在第一任期（2013—2017年）推行的经济改革措施取得一定的成效，伊朗经济开始逐步走向复苏，但未来伊朗能否如愿实现经济高速增长主要取决于政府推进经济体制改革和继续改善国际环境的成效。

在世界经济论坛的《2015—2016 全球竞争力报告》中，伊朗在 140 个国家和地区中排在第 74 位。在世界银行《2016 年全球营商环境报告》排名中，伊朗在 189 个经济体中排在 118 位。根据联合国开发计划署发布的《2015 年人类发展报告》，2015 年伊朗的人类发展指数（HDI）为 0. 766，在 187 个国家和地区中位列第 69 位。根据美国传统基金会和《华尔街日报》发布的 2016 年经济自由度指数（Index of Economic Freedom），在全球 178 个经济体中，伊朗的经济自由度排名第 171 位。由此可见，伊朗的经济环境仍有很大的改善空间。

二　古代“丝绸之路”见证了中国和伊朗友好交往的历史

中国和伊朗友好交往的历史源远流长。2000 多年前，古代“丝绸之路”将亚洲东西两端的古代中华文明和波斯文明连接起来，其相互交往与交融，为人类社会的进步和发展做出了巨大贡献。

（一）古代“丝绸之路”是中华文明和波斯文明交往与交融的纽带

在公元前 119 年张骞第二次出使西域途中派其副使访问安息国（即今日伊朗）之前，中伊人民之间已有相互往来和贸易，并为两国政府间的联系创造了条件。关于中伊政府建立关系最早的记载见于中国《汉书·西域传》，书中记载，安息国王派两万骑兵在东部边界迎候，并将中国使团护送至数千里外的都城。中国使团受到安息国王和人民的热情款待。西汉和安息建立关系后，两国使节互往。伊朗学者奥扎利博士多年前将这段出自中国《汉书·西域传》的史料翻译成波斯文，并引用于其撰写的《伊朗和中国关系史》[①]一书中，使伊朗人更全面了解了中伊关系和“丝绸之路”的关联，并留下中伊友好关系历史悠久和“丝绸之路”是两国互动交流纽带的深刻印记。今天，用波斯语在网上搜索关键词“丝绸之路”或“中伊关系”，这段文字就会跃然眼前。据《魏书》记载，公元455—522年间，波斯国王遣使中国达数十次之多。萨珊王朝国王费罗兹一世和格包德一世访问过中国被载入伊朗史册。中国史书和在伊朗家喻户晓的波斯《列王记》中都记录了萨珊王朝国王求助中国抗击突厥这段历史。中伊两国都有丰富的史料和遗迹可以证明，“丝绸之路”开启后两国在科技、文学、艺术、建筑、宗教、思想等诸多方面的交融更加密切。

（二）伊朗是古代“丝绸之路”西端最重要的国家之一

历史上，陆上“丝绸之路”西北方向自新疆出境

① 阿拉丁·奥扎利：《伊朗和中国关系史》，阿米勒·卡比勒出版社1988年版。

后分为三条路线，北线——沿咸海、里海、黑海的北岸，经过碎叶、怛罗斯、阿斯特拉罕等地到伊斯坦布尔；中线——自喀什起，经费尔干纳盆地、撒马尔罕、布哈拉等到伊朗的马什哈德；南线——自帕米尔山，可由克什米尔进入巴基斯坦和印度，也可从白沙瓦、喀布尔、马什哈德、巴格达、大马士革等前往欧洲。伊朗与这三条“丝绸之路”都有或直接或间接的关联。“丝绸之路”穿越伊朗前往地中海、欧洲，无论走水路还是沿里海南岸向西都要经过阿尔达比勒地区，当地博物馆里至今保存着上千件中国古代瓷器，充分展示了古代丝绸之路的繁华。

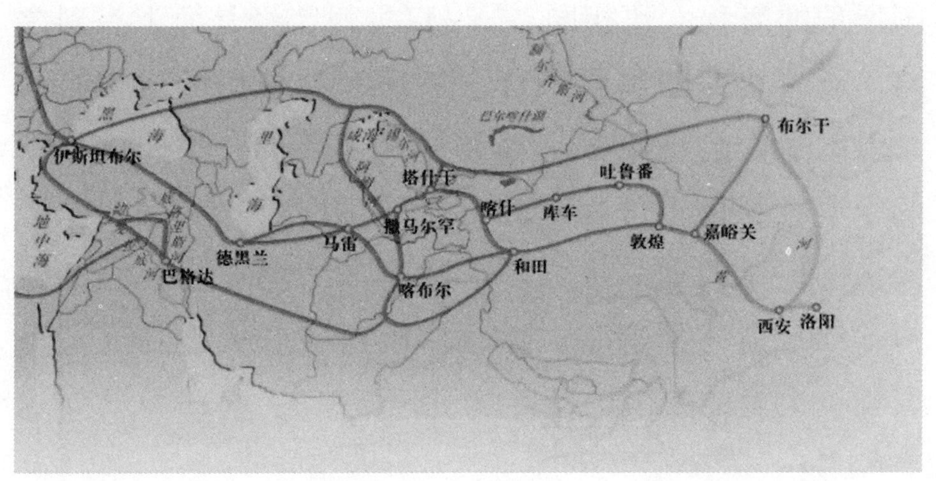

图3　古代陆上“丝绸之路”示意图

资料来源：https：//image. baidu. com/。

海上“丝绸之路”最早开辟于秦汉时期，波斯人是重要参与者，位于波斯湾的阿巴斯港是海上“丝绸之路”西洋航线上重要的港口。据《汉书·地理志》记载，2000多年前，中国和伊朗之间建立起海上交通，受当时的造船和航海技术所限，两国商船在锡兰（今斯里兰卡）交换货物或伊朗商人在此换船前往中国。[①] 唐宋时期，由于中国造船、航海技术的发展和西域战火连绵，中国通往东南亚、马六甲海峡、印度洋、红海，及至非洲大陆航路纷纷开通与延伸，并逐渐替代陆上“丝绸之路”成为中国对外交往的主要通道。《新唐书·地理志》里记载了中伊两国人民从海道频繁往来的线路和里程，与同时代伊朗人从反方向来中国所记的海程大致相同。[②] 福建泉州曾经是海上香料之路、丝绸之路的重要口岸，泉州海交馆里的石棺石碑及雕刻遗物超过半数是用波斯文书写的，泉州山崖上的摩尼教雕像至今保存完好。明朝时，郑和率船队三次访问伊朗的霍尔木兹岛，随行的中国旅行家在游记中详细地描述了这座古城，伊朗考古学家也在其遗址发现了大量的中国瓷器碎片。

---

① 朱杰勤：《中国和伊朗关系史稿》，新疆人民出版社1985年版，第17—18页。

② 同上书，第20页。

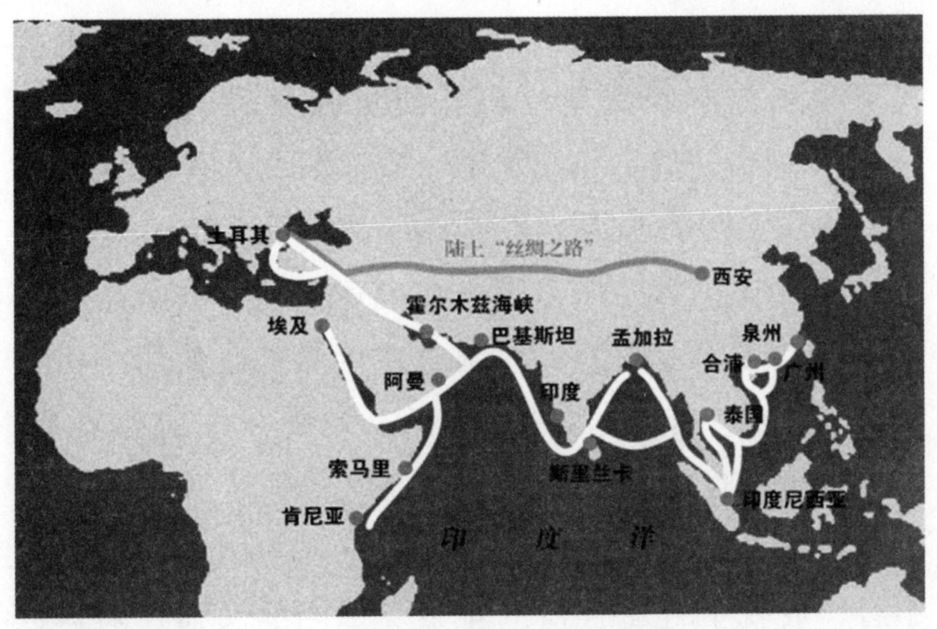

图4 古代海上“丝绸之路”示意图

资料来源：https：//image. baidu. com/。

（三）伊朗在古代“丝绸之路”上发挥了独特且不可替代的作用

第一，伊朗是古代东西方文化交流的媒介。“西方古代、中世纪，甚至是近代文明中的许多内容都可以通过丝绸之路而追溯到波斯，进而从波斯追溯到中国”，[①] 而且“中国文化、印度及中国周边地区的文化经‘丝绸之路’传到波斯并在波斯得以发展，然后再

① 阿里·玛扎海里：《丝绸之路——中国—波斯文化交流》，耿昇译，新疆人民出版社2006年版，第3页。

传向西方”。[①] 对中国古代文明经波斯而西传，法国当代著名东方学家阿里·玛扎海里在其名著《丝绸之路——中国—波斯文化交流》第三编“丝绸之路和中国的物质文明的西传”中有详尽的举证。2016 年 1 月 21 日，中国国家主席习近平访问伊朗前夕在伊朗媒体发表署名文章，称赞“丝绸之路早就把我们两个伟大民族联结在一起。史书记载下一个又一个精彩故事。来自中国的丝绸和伊朗的高超工艺结合，成就了波斯丝毯的高贵；来自伊朗的苏麻离青和中国的高超工艺结合，成就了青花瓷器的雅致。中国的漆器、陶器以及造纸、冶金、印刷、火药等技术经伊朗传向亚洲最西端乃至欧洲等更远的地方，石榴、葡萄、橄榄以及玻璃、金银器皿等又从伊朗和欧洲等地传入中国”。[②] 此外，伊朗人给中国带来希腊式和伊朗式的画风，中国的画风对伊朗艺术也产生重要影响。名扬世界的波斯细密画在技法上借鉴了中国的工笔画，其精细的程度达到了更高的水准。琐罗亚斯德教、摩尼教、波斯乐、波斯舞和马球等也相继传入中国。

第二，伊朗是古代东西方经贸交往的中转站和重

---

① 阿里·玛扎海里：《丝绸之路——中国—波斯文化交流》，耿昇译，新疆人民出版社 2006 年版，第 2 页。

② 习近平：《共创中伊关系美好明天》，2016 年 1 月 22 日，人民网，http：//politics. people. com. cn/n1/2016/0122/c1024 - 28075028. html。

要驿站。在公元前后两世纪时，中国与西方交往通商，丝绸尤其受到西方国家的青睐。位于中西交往通道上的安息国（即今日伊朗）势力强大，垄断了中西丝绸贸易。伊朗商人大量收购中国丝绸转卖给罗马和其他国家，掌握了这条贸易通道的支配权。原产于中国的桃子由伊朗人在“希波战争”时输入希腊。罗马帝国的青铜器、玻璃器皿、酒、油、黄金等被运到中亚、中国和印度，用以换取丝绸、象牙、香料和宝石之类物品。沿着“丝绸之路”，波斯的芝麻、菠菜、狮子等数十种物产传入中国。波斯花缎也称“波斯锦”当时如同中国的丝绸一样世界闻名，自汉代起两国进行丝织艺术的交流，在吐鲁番考古发现了许多带有波斯风格织法和花纹的古代丝绸。中国起源的水稻、造纸术、丝绸和陶瓷技术以及茶叶、生姜等多种物产传入波斯。古波斯帝国创造的“驿站”是往返于长安和罗马之间客商的休养之地，客商们在那里食宿、换马和补充给养。驿站的用水取自于伊朗人发明、后传入中国新疆的“坎儿井”。马什哈德是沿“丝绸之路”进入古波斯以后的第一大驿站，在古老的商贾重镇亚兹德至今尚存丝路驿站的遗址。

第三，伊朗是古代“丝绸之路”的守护者。在强烈的使命感和巨大的经济利益驱使下，安息国王向西建立了与罗马帝国的交通，向东开拓了与中国的通路，这条从中国到罗马的商路给东西贸易带来便利，[①] 而且西汉和安息两国建立直接联系，以共同维护商路畅通和保证客商的安全。“14 世纪初，伊朗政府沿着所有重要路线派兵驻守；地方官吏对过境商队加以保护。”[②]

总之，中国与伊朗是古代“丝绸之路”上的重要国家。“丝绸之路”的兴盛激发了两国之间的经贸、文化和政治交往，两大文明在相互碰撞、互鉴、交融和创新中不断地将异质文明内化为各自的本土文明，丰富、拓展了两国的文化内涵，为文明的传承与发展做出重要贡献。伊朗以在“丝绸之路”上为促进和加强东西方文明交往及推动人类文明进步发挥过重大作用而骄傲和自豪。

---

① 扎比胡拉·萨法：《伊朗文化及其对世界的影响》，张鸿年译，商务印书馆 2011 年版，第 16 页。

② 朱杰勤：《中国和伊朗关系史稿》，新疆人民出版社 1985 年版，第 17 页。

三　伊朗是推进“一带一路”建设的重要支点国家

根据中国国家发展改革委员会、外交部、商务部于2015年3月28日联合发布的《推动共建丝绸之路经济带和21世纪海上丝绸之路的愿景与行动》（以下简称《愿景与行动》）提出的构架思路和合作重点，从地缘优势、辐射能力、参与意愿、双边关系水平和国内政局等多方面分析，伊朗是“一带一路”建设的重要支点国家。

（一）得天独厚的地缘优势

《愿景与行动》提出：“丝绸之路经济带重点畅通中国经中亚、俄罗斯至欧洲（波罗的海）；中国经中亚、西亚至波斯湾、地中海；中国至东南亚、南亚、印度洋。21世纪海上丝绸之路重点方向是从中国沿海港口过南海到印度洋，延伸至欧洲；从中国沿海港口过南海到南太平洋。”根据这个构架思路，伊朗具有得天独厚的地缘优势。

伊朗位于从中国经西亚到欧洲、从俄罗斯经中亚到印度洋的枢纽位置，在推动周边地区互联互通与合作方面具有先天优势。伊朗北临里海，与俄罗斯和中亚国家土库曼斯坦、哈萨克斯坦邻近，通过新亚欧大陆桥可与中蒙俄经济合作走廊联通。南依波斯湾，与海合会国家科威特、巴林、卡塔尔、阿拉伯联合酋长国、阿曼、沙特阿拉伯隔海相望，而且是中亚国家向南的出海口。伊朗扼守全球重要的石油运输通道——霍尔木兹海峡，马赫沙尔港、霍梅尼港、阿巴斯港和布什尔港是伊朗沿波斯湾地区重要的港口，承载着本国和周边国家货物和原油进出口的重任。船舶出伊朗后，沿波斯湾西行可直达地中海沿岸地区，南行可达印度洋，并与21世纪海上丝绸之路交汇。

目前，伊朗正在利用自身的优势和条件推进四大沿海、跨境发展战略。一是南北发展战略，伊朗计划打通从波斯湾阿巴斯港到里海安扎利港的战略通道，这个陆路大动脉贯通伊朗的主要大城市设拉子、伊斯法罕、库姆和德黑兰；二是南南发展战略，就是把伊朗最东部的恰巴哈尔港与最西部的阿巴丹—霍拉姆沙赫尔港连在一起，并将伊朗南部东、西两边所有港口的陆路交通和海上交通连成一体；三是南西发展战略，即将波斯湾与土耳其连接在一起；最后一个是东西发展战略，这是伊朗国内议论最少、但战略意义最大的发展战略，这个战略包括与土库曼斯坦、哈萨克斯坦和中国之间的战略对接。[①]

（二）资源优势突出

伊朗是资源大国，据伊朗地质勘探和开发组织披露，目前伊朗已探明各种矿产 68 种，探明储量 370 亿吨，占世界总储量的 7%，居世界第 15 位，同时拥有潜在矿产储量超过 570 亿吨。石油、天然气储量总和世界第一。根据 2015 年 1 月的《石油与天然气杂志》公布的数据，伊朗已探明的原油蕴藏量约 1580 亿桶，占世界已探明原油储量的 10%，居世界第四位。伊朗天然气储量为 3940 万亿立方米，占世界已探明天然气储量的 17%，是位于俄罗斯之后世界第二大天然气蕴藏国。[②] 在目前已探明矿产中，锌矿石储量 2.3 亿吨，居世界第一位；铜矿石储量 26 亿吨，约占世界总储量的 4%，居世界第三位；铁矿石 47 亿吨，居世界第十

① 周戎：《在伊朗，中国企业处处有商机》，2016 年 3 月 19 日，环球时报网站，http：//world. huanqiu. com/exclusive/2016 -03/8734799. html。

② U. S. Energy Information Administration, Iran, June 19, 2015, p. 4.

位。其他已探明主要矿产品有：煤炭（20 亿吨）、铬（1500 万吨）、锰（360 万吨）、钛（2.5 亿吨）、铀（5000 吨）、石膏（17 亿吨）、石灰石（72 亿吨）、装饰石材（30 亿吨）、建筑石材（38 亿吨）、明矾石（10 亿吨）、磷酸盐 1650 万吨、长石（100 万吨）、硅（200 万吨）、石棉（7000 万吨）和珍珠岩（1750 万吨）等。其中，铜、锌和铬、铁矿均为极具开采价值的富矿，品质分别高达 8%、12% 和 45%。除此之外，伊朗还有一定的黄金、钴、锶、钼、硼、高岭土、斑脱土、氟、白云石、云母、硅藻土和重晶石等矿物储藏。

（三）伊朗国内市场潜力巨大，对外经济辐射区域广阔

首先，伊朗国内市场潜力巨大。根据最新的人口统计，伊朗有 8100 多万人口。伊朗人口有三大特点，一是年龄中位数低，伊朗全国人口的年龄中位数是 30.1 岁；二是城镇人口数量增加迅速，2016 年城镇人口占 73.879%；三是受教育程度较高，伊朗的高等教育发展很快，2015 年高等院校毛入学率达到 71.881%。伊朗人口构成的特点意味着伊朗存在着巨大的、被制裁长期抑制的消费市场。

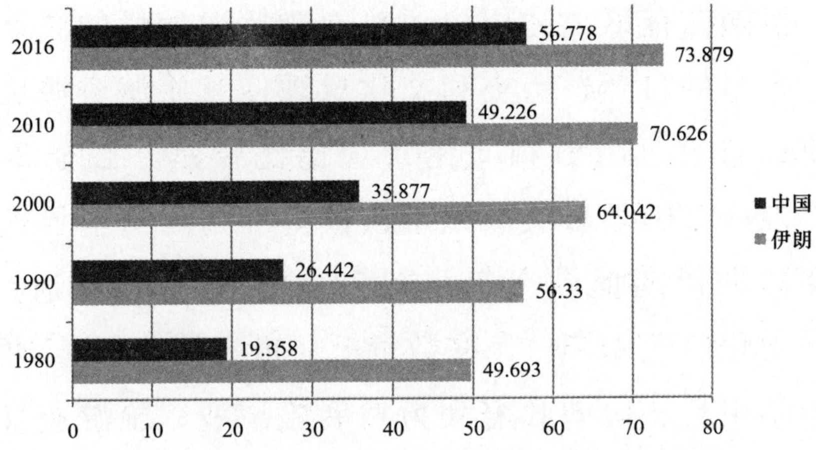

表 3　伊朗和中国城镇人口占总人口比例的比较（%）

资料来源：世界银行数据，世界银行网站，https：//data. worldbank. org/indicator/SP. URB. TOTL. IN. ZS？locations = CN – IR；https：//data. worldbank. org/indicator/SP. URB. TOTL. IN. ZS？locations = CN。

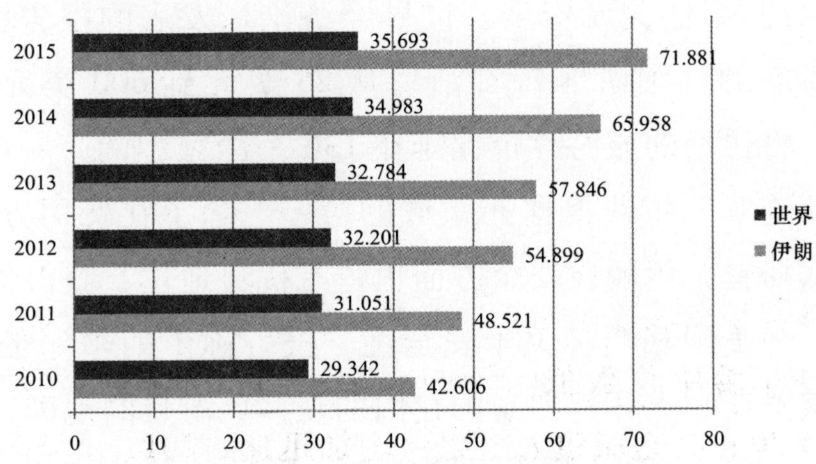

表 4　伊朗高等教育毛入学率与世界平均水平的比较（%）

资料来源：世界银行数据，世界银行网站，https：//data. worldbank. org/indicator/SE. TER. ENRR？locations = IR；https：//data. worldbank. org/indicator/SE. TER. ENRR。

伊朗拥有悠久的历史，曾创造辉煌灿烂的波斯文明，大量的自然、历史和文化景观使其旅游资源极为丰富，自然、历史和文化景观比比皆是。截至2016年，经联合国教科文组织审核被批准列入《世界遗产名录》的伊朗世界遗产共有22项（包括自然遗产1项、文化遗产21项），在数量上居世界第11位。两伊战争结束后，伊朗政府大力发展旅游业，旅游业日渐兴盛。伊朗全国有各类旅游组织、旅行社约3000个。德黑兰、伊斯法罕、设拉子、亚兹德、克尔曼、马什哈德是伊朗主要旅游地区。伊历1395年度（2016年3月至2017年3月），伊朗接待外国游客约550万人，吸收约80亿美元资金。世界经济论坛发表的报告称，在伊朗的外国游客每日消费从25美元到600美元不等，将伊朗的旅游性价比排在136个国家中的第一位，伊朗连续三年获得这一领域的第一。除了在费用方面占据榜首，伊朗在安全方面也占有优势地位，获得5.2分，与美国相当，关于安全性，报告称伊朗领先于包括俄罗斯、土耳其和泰国在内的众多旅游目的地国。

自2003年伊朗核问题成为国际关注的焦点以来，安理会通过了数个制裁伊朗的决议，美国的单方面制裁也是步步升级，2012年国际社会进一步加大了对伊朗的制裁力度，伊朗经济出现了负增长。对伊朗的制裁集中在能源和金融两个方面，可以说是扼住了伊朗经济的咽喉。伊朗陷入融资困难、石油生产和出口锐减、工矿企业设备老化、对外贸易下滑等一系列经济困难。但是，伊朗毕竟有着充沛的劳动力资源和丰富的矿产资源，一旦国际社会取消制裁，其经济发展潜力巨大，2014 年年初，时任伊朗石油部长的赞加内就表示，一旦制裁解除，伊朗石油生产能够立即恢复到每天 400 万桶的满负荷出口能力。在多年的国际制裁下，伊朗仍是中东的第三大经济体，2015 年国内生产总值 3934.4 亿美元，其市场潜力和经济体量为中伊合作提供了广阔的空间。

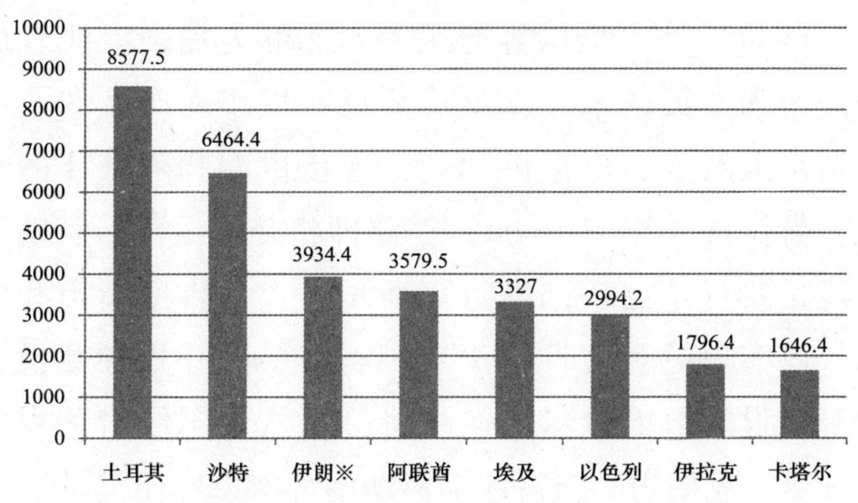

表 5　2016 年中东主要经济体的 GDP 总量（亿美元）

※伊朗为 2015 年数据。

资料来源：世界银行数据，世界银行网站，https：//data. worldbank. org. cn/indicator/NY. GDP. MKTP. CD？locations = IR-IL-IQ-QA-TR-SA-AE-EG&view = chart。

其次，伊朗经济有广阔的区域辐射空间，有助于“一带一路”倡议提出的互联互通建设。伊朗与中亚、西亚和高加索地区的很多国家在民族、宗教、语言、文化和历史上高度关联，有助于其在区域经济合作中发挥作用。伊朗国内公路四通八达且与路上邻国直接相连，使其在跨境运输方面极具优势和潜力。伊朗通过已建和在建的多条铁路和公路实现与地区国家交通运输网络的互通。连接伊朗、土库曼斯坦和哈萨克斯坦三国的铁路是中亚通往波斯湾的南北走廊，伊朗通过哈萨克斯坦境内的1600公里长的铁路网络实现与中国之间的铁路贯通。这条从伊朗进入中国的“战略线路”除货运外也提供客运服务，能够为加强沿线各国的经贸和人员往来，以及哈萨克斯坦小麦产品和土库曼斯坦天然气出口提供便利。连接伊朗和阿富汗的哈夫—赫拉特（Kwaf-Herat）铁路即将开通运营，伊朗下一步是要将其连接到塔吉克斯坦、吉尔吉斯斯坦和中国，以实现伊朗南部港口与中国相连。[①] 中国愿意投资参与建设的恰巴哈尔港铁路将打通从中国经哈萨克斯坦、塔吉克斯坦、阿富汗至伊朗南部恰巴哈尔港的交通通道。印度通过正在建设中的恰巴哈尔港中转集装箱，

① 中国驻伊朗经商参赞处：《伊朗铁路将很快连接阿富汗铁路》，2015年10月12日，中华人民共和国商务部网站，http：//www.mofcom.gov.cn/article/i/jyjl/j/201510/20151001131584.shtml。

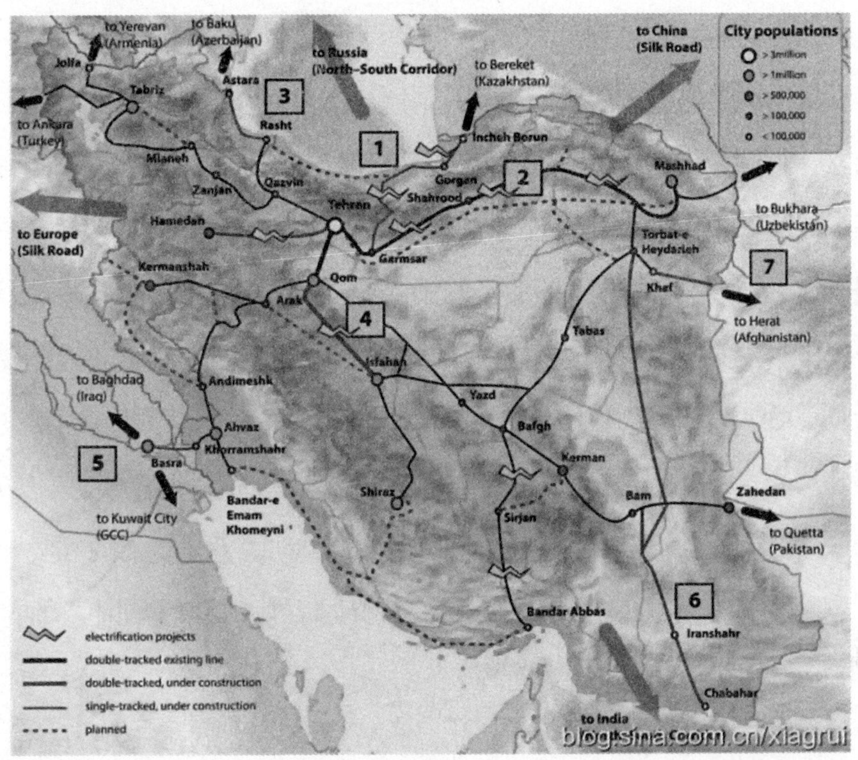

图 5　伊朗铁路网示意图

资料来源：https：//image. baidu. com/。

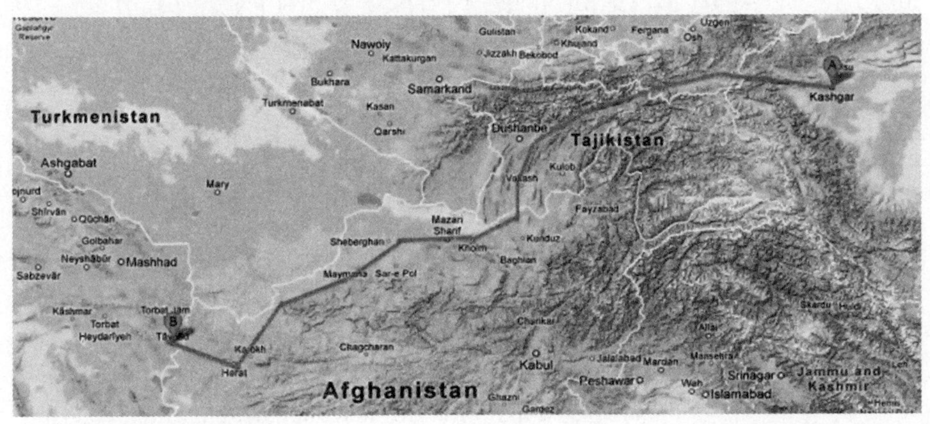

图 6　伊朗—阿富汗—塔吉克斯坦—吉尔吉斯斯坦—中国铁路线示意图

资料来源：https：//image. baidu. com/。

把小麦运输到至阿富汗。据《阿富汗时报》2017 年 2 月 25 日报道，阿富汗—伊朗铁路伊朗境内段已竣工，阿境内的两段也已分别建成 50% 和 25%，预计整条铁路将于 2018 年年初竣工。[①] 昆都士至马扎里沙立夫铁路项目建设将使伊朗和中国通过阿富汗连接起来。2016 年 2 月，满载中国商品的集装箱货车从中国义乌出发，行驶 9500 公里途经哈萨克斯坦和土库曼斯坦抵达伊朗。伊朗并不满足于这条穿越亚洲的古老贸易路线得以重启，而是着眼于未来充当亚欧大陆互联互通的桥梁。

长期以来，伊朗与巴基斯坦、土库曼斯坦、阿塞拜疆、阿富汗、亚美尼亚、伊拉克和土耳其进行电力进出口贸易。伊历 1394 年（2015 年 3 月至 2016 年 3 月）向周边国家出口了 100 亿度电，其中 69% 出口到伊拉克。[②] 伊朗和巴基斯坦于 2017 年 4 月签署协议，通过正式渠道开设商业银行分支机构以进行贸易。7 月 4 日，巴基斯坦《论坛快报》报道，巴基斯坦国家电力监管局（NEPRA）已向伊朗水电设备服务出口公司（SUNIR）和两家巴基斯坦公司共同注资的伊—巴风电公司（IPWPPL）发出发电许可，为期 20 年。该

---

① 《阿富汗—伊朗铁路将于 2018 年贯通》，2017 年 3 月 1 日，中华人民共和国商务部网站，http：//www. mofcom. gov. cn/article/i/jyjl/j/201703/20170302525461. shtml。

② 伊朗中央银行：《2015 年经济变化简报》，伊朗中央银行网站，http：//www. cbi. ir/datedlist/AnnualReview_ fa. aspx/2017 -9 -13/。

项目位于巴基斯坦信德省塔塔区的“风力走廊”，装机容量49.5兆瓦，预计2019年6月底前投入商业运营。[①] 伊拉克电力供应长期短缺，特别是夏季用电高峰期。目前，伊拉克鲁迈拉（Rumaila）等三个电站都依靠伊朗天然气进行发电，弥补电力缺口。

伊朗西面邻国土耳其是“一带一路”沿线的另一重要国家，伊土之间交通便利，在经济、能源等领域互补性很强，双边合作具有很大的潜力。2007年，土耳其和伊朗达成能源协议。根据该协议，土耳其将在伊朗南帕尔斯天然气田22、23和24区进行投资，并在协议框架内继续开发。这三个区天然气的20%都将出口到土耳其，而剩余的天然气也将借道土耳其输往欧洲。当前，伊朗是仅次于俄罗斯的土耳其第二大天然气供应国，伊朗对土耳其原油出口量约为每日10万桶。土耳其不仅是伊朗对欧洲能源输出的“中转站”，而且同中亚国家的货物贸易往来密切，这些货物都要途经伊朗。2016年4月，伊朗与土耳其签署了有关促进双边银行和贸易发展的谅解备忘录，土耳其发展部长伊尔马兹表示，伊土双边贸易额将从2015年的100亿美元增加至300亿美元。两国三分之一贸易量采用

① 中国驻卡拉奇总领馆经商室：《伊朗公司获巴基斯坦售电许可》，2017年7月5日，中华人民共和国商务部网站，http：//www.mofcom.gov.cn/article/i/jyjl/j/201707/20170702606087.shtml/2017-9-13/。

土耳其里拉或伊朗里亚尔结算。[①] 6月，伊朗能源部与土耳其 Unit 公司签署初期协议，计划在伊朗建设多个燃气电站。

伊朗与东西两个长期战乱邻国伊拉克和阿富汗的经济往来都十分密切，并向这两个饱受战乱之苦的国家投入了大量的资金，同时还提供可观的发展援助。2015 年 9 月，伊朗和伊拉克签署了三项经济合作协议，旨在加强两国在关税、税收和投资方面的合作。2016 年，伊朗继续保持阿富汗第一大贸易国地位，两国贸易额为 18 亿美元，阿富汗是伊朗第四大外贸出口目的地国。伊阿海关已签署协议将边境口岸由 3 个增加至 5 个。目前，阿富汗通过伊朗恰巴哈尔港进出口货物可享关税优惠，其中出口关税优惠为 80%，进口关税优惠为 75%。

伊朗希望自己的东部经济走廊能够与中巴经济走廊实现对接。目前，伊朗与巴基斯坦正在加强恰巴哈尔港和瓜达尔港之间的陆路与海路的互联互通，连接中国新疆喀什到巴基斯坦瓜达尔港的公路、铁路、油气管道及光缆覆盖的通道也在建设之中。此外，伊朗和巴基斯坦合作建设的天然气“和平管道”项目始于伊朗南帕尔斯天然气田，途经巴基斯坦，最终抵达印

① 中国驻伊朗经商参赞处：《伊朗与土耳其签署银行及贸易促进谅解备忘录》，2016 年 4 月 11 日，中华人民共和国商务部网站，http: // www. mofcom. gov. cn/article/i/jyjl/j/201604/20160401293719. shtml。

度。该项目全长1800千米，建成后计划日均向巴基斯坦输送21.5亿立方米天然气。[①] 自20世纪90年代“和平管道”项目被提出以来，由于美国以违反对伊朗制裁为由阻止印度和巴基斯坦参与建设，项目长期受到延误。目前，伊朗已经完成了其境内的天然气管道建设。尽管巴基斯坦仍未放弃巴伊天然气管道项目，但由于来自美国和沙特的压力，且对伊制裁并未完全解除，项目仍未取得任何进展，巴基斯坦在2016/17财年预留的250亿卢比项目资金也未能使用。

图7 伊朗恰巴哈尔港和巴基斯坦瓜达尔港位置图

资料来源：https：//image. baidu. com/。

---

① 《伊朗总统称数月内可向巴基斯坦供应天然气》，2016年3月28日，环球网，http：//world. huanqiu. com/exclusive/2016 - 03/8783680. html。

（四）伊朗政府有复兴“丝绸之路”的强烈愿望和参与“一带一路”建设的积极姿态

伊朗是中国推动共建“一带一路”理想的合作伙伴。伊朗官方非常赞同重建丝绸之路，认为丝绸之路沿线国家过去通过丝绸之路建立经贸关系、文化关系互通有无，振兴丝绸之路可以加强这些国家之间的合作。① 从中国进口的产品既可以留在伊朗使用，也可以通过伊朗转口到其他国家。中国还可以从伊朗和其他周边国家进口一些所需的稀缺产品。②

多年来，伊朗政府通过一系列举措有效地推高了国民对古代丝绸之路历史符号的认知。伊朗曾大力宣传且积极参与 1988 年联合国教科文组织启动的“综合研究丝绸之路—对话之路”项目及 2008 年联合国开发计划署发起的“丝绸之路复兴计划”，且于 2011 年提出了自己的“铁路丝绸之路”计划，拟将本国境内的

---

① 国际在线专稿：《伊朗总统鲁哈尼：伊中两国经贸关系将不断发展》，2014 年 5 月 23 日，国际在线网，http：//gb. cri. cn/42071/2014/05/23/7371s4551811. htm。

② 中国经济周刊：《伊朗前外长：丝绸之路经济带开启中伊合作新未来》，2014 年 7 月 1 日，搜狐网，http：//business. sohu. com/20140701/n401592499. shtml。

铁路经阿富汗、塔吉克斯坦、吉尔吉斯斯坦与中国铁路连通。早在"一带一路"倡议提出之前，伊朗拍摄了《海上丝绸之路》故事片，并与中国国际广播电台合拍了《重走丝绸之路》第一季。伊朗除了希望中国在推动"一带一路"建设中重视和尊重历史之外，①还非常看重自身在中国"一带一路"倡议规划中的地位，认为自己无论从历史还是现实的角度看，都应该是中国推动"一带一路"倡议的最理想的合作伙伴并能够发挥重要的作用。新时期的"一带一路"建设必将对中伊两国加强合作与沟通起到极大的促进作用。

基于对"丝绸之路"历史符号的认知，以及对"和平合作、开放包容、互学互鉴、互利共赢"丝绸之路精神的认同，伊朗积极支持中国提出的"一带一路"倡议，并希望在区域经济合作及亚欧大陆互联互通中发挥桥梁的作用。伊朗认为自己理应是"一带一路"沿线的支点国家和中国推动新丝绸之路计划最理想的合作伙伴。

① 2015 年 9 月 30 日，伊朗驻华使馆文化副参赞汉尼·阿德勒博士在与笔者交流中特别强调了这一点，媒体上伊朗官员和学者也有类似的表述。

四　伊朗国内对中国“一带一路”倡议的认知

为了解伊朗国内对中国“一带一路”倡议的认知程度，我们进行了多种形式的调研，包括面对面访谈、利用通讯工具访谈、座谈会和收集网络、报刊等媒体资源的方式，通过与伊朗政府官员、专家学者、新闻记者、普通民众等的交流以及实地调研，得到大量的第一手信息。陆瑾博士于 2015 年和 2017 年两次赴伊朗实地调研，每次调研历时两个月，对伊朗国内认知“一带一路”的现状、中国和伊朗如何更好地推动“一带一路”建设和促进民心相通、双方共建“一带一路”需要应对的挑战和困难，以及伊朗核协议签署后中国和伊朗在“一带一路”框架下的合作前景等问题，有了更为全面的了解。

从调研结果来看，伊朗国内对“一带一路”倡议的认知和回应有一个从观望到积极响应，再到愿意战略对接这样一个逐步深化的过程。习近平主席提出"一带一路"倡议后的最初一段时间，"一带一路"这一术语在伊朗媒体上出现的频率极低，相关主题多出现在中伊高层互访的报道中，新闻性强，几乎没有涉及"一带一路"的具体内容。伊朗政府高官包括总统鲁哈尼在讲话中都使用"中国的'新丝绸之路'"或"复兴丝绸之路"计划代替"一带一路"。2015 年 7 月 14 日，伊朗与六国达成全面解决伊朗核问题协议，标志着伊朗对外关系和经济发展进入新的历史时期，伊朗政府对于中国积极推进沿线国家发展战略相互对接的态度开始转变，表示愿在"一带一路"倡议框架下推动两国合作项目对接。同时，伊朗人自身的民族特性又使其保持了相当的谨慎。伊朗国内过去 4 年多对"一带一路"的认知和看法可归纳为以下几点。

（一）伊朗官方对"一带一路"倡议存在积极表态支持和行动谨慎的矛盾心态

在 2015 年的调研中，我们发现与中方有接触的伊朗官方机构对"一带一路"都有一定的了解，伊朗官员们交谈时很乐于谈论与"一带一路"相关的话题，但他们也有困惑，正如伊朗文化事务官员马尔泽·达什塔基女士所说，不太了解“一带一路”的全部内容。阿勒马斯耶参赞也表示，伊朗政府部门对“一带一路”的倡议多少都有些了解，且一直在努力认识其深刻含义，伊朗财经部、外交部都在收集有关该倡议的信息，中国发布的《推动共建丝绸之路经济带和21世纪海上丝绸之路的愿景与行动》已被全文翻译成波斯语。[①] 但是，从总体上看，伊朗官方对“一带一路”倡议存在积极表态支持和行动谨慎的矛盾心态。

一方面，伊朗官方支持并期望参与“一带一路”建设的公开表态非常积极。伊朗驻华使馆文化参赞阿勒马斯耶博士表示，2013 年习近平主席提出“一带一路”倡议后，伊朗方面高度关注，高层快速做出积极响应。几年来，鲁哈尼总统在不同场合多次表示，伊朗支持和愿意参与中国的重振丝绸之路计划。例如，2014 年 5 月亚信上海峰会期间，伊朗总统鲁哈尼对习近平主席表示，“我们非常赞同重建丝绸之路，丝绸之路沿线这些国家过去通过丝绸之路建立经贸关系、文化关系互通有无，振兴丝绸之路可以加强这些国家之间的合作”。[②] 伊朗最高领袖国际事务顾问、前外交部长韦拉亚提在接受中国媒体专访时曾表示，“丝绸之路

① 2015 年 9 月 30 日，笔者与伊朗驻华使馆正、副文化参赞座谈。

② 国际在线专稿：《伊朗总统鲁哈尼：伊中两国经贸关系将不断发展》，2014 年 5 月 23 日，国际在线网，http://gb.cri.cn/42071/2014/05/23/7371s4551811.htm。

是两国关系发展的重要见证。现在我们也希望在丝绸之路历史上的两个重要的国家——伊朗和中国——成为新丝绸之路上两个最重要的国家。伊朗可以成为丝绸之路经济带的中心，中国的产品可以通过进口到达伊朗，一部分留到伊朗使用，也可以通过伊朗出口到其他国家。与此同时，中国也可以从伊朗和其他周边国家进口一些中国所稀缺的产品”。[①]

阿勒马斯耶参赞还表示，中国“一带一路”的构想是现实社会的需要，也是将丝绸之路从历史概念转换成现实概念，为当今世界的经济、文化、学术交流建立起一条繁荣畅通的路线，这是一次伟大的创举。新的丝绸之路经过中国西部穆斯林集聚地区，将给这一地区的居民带来参与合作项目的机会。伊中友好协会主席阿哈德·穆罕默迪表示，“一带一路”倡议将发展与丝路沿线国家经贸、文化发展作为其目标，赢得了伊朗的欢迎。[②] 伊朗地毯中心主任与工业、矿业和贸易部副部长哈米德·卡尔加尔相信，建设丝绸之路经济带的构想给伊朗带来重振地毯行业的希望，波斯地毯深厚的历史、文化底蕴和高度的市场、艺术价值，

① 中国经济周刊：《伊朗前外长：丝绸之路经济带开启中伊合作新未来》，2014 年 7 月 1 日，搜狐网，http：//business. sohu. com/20140701/n401592499. shtml。

② 伊中友好协会主席阿哈德·穆罕默迪在 2015 年 10 月 10 日《2015 年“中国伊朗关系研讨会”（两国友协年会）》上的发言。

正好契合丝绸之路经济带的构想。①

伊朗表示支持和积极参与“一带一路”建设，除了对“丝绸之路”昔日辉煌的高度认同，期望在“新丝绸之路”上拥有同样重要的地位和再次被赋予伟大历史使命的民族自豪感外，还有着深刻的战略考虑，即伊朗需要中国在解决伊核问题、确保伊核全面协议落实以及重振经济方面的支持。伊核问题全面协议达成后，伊朗国内支持和反对鲁哈尼的势力围绕核协议内容及其是否需要议会审议通过（鲁哈尼的支持者认为核协议是与六国之间的一个约定，不需要议会同意就可以执行，而且一旦经过议会审议通过就具有法律效应，将来执行过程中有任何变故伊朗都很被动。反对者认为，根据伊朗法律只要是与外国签订的文件都需要议会审理），以及政府“向西靠”等问题展开激烈的辨争，并相互指责对方是为专家会议选举和议会选举争取选票。尽管主流民意支持《伊核协议》和总统鲁哈尼的对外开放政策，但反对派强有力的发声让伊朗民众从达成核协议的亢奋中逐渐冷静下来。为什么世界六大国愿意坐下来与伊朗谈判和同意取消对伊朗的制裁？欧洲大国为什么在伊核问题上态度发生重

① 《波斯地毯沿新丝绸之路走向复兴》，2014 年 7 月 23 日，新华网，http：//news. xinhuanet. com/world/2014 - 07/23/c _ 1111751679. htm?prolongation = 1。

大转变？《伊核协议》将给伊朗国家安全带来哪些隐患？西方公司和外资大量涌入对伊朗政治经济文化将产生何种冲击和影响？随着西方高级和商贸代表团陆续来到德黑兰，媒体公开辩论越来越激烈。法国外长法比尤斯访问德黑兰在伊朗社会引发强烈反响，甚至有知名改革派政治学家公开撰文批评德黑兰市长同意与沙特关系密切且多次给达成《伊核协议》设置障碍的法国外长进入德黑兰，并给予其款待。伊朗雅利安战略研究所所长穆哈比昂教授表示，要让伊朗民众清楚地认识到核协议和西方的态度转变从长远角度看对伊朗并非只是"福"。伊斯兰革命卫队反对核协议更多是出于对国家安全和西方文化入侵的担忧。[①] 领袖哈梅内伊的态度表明伊美外交关系正常化还有很长的路要走，无论落实核协议还是重振经济，伊朗都离不开"东方"。

伊朗作为"一带一路"沿线的重要节点国家，积极参与"一带一路"建设可以使伊朗在经济上获得巨大的收益。任何连接东亚至欧洲的公路、铁路、油气管道和通信网络都将使伊朗受益，并使其在建设从东亚途径中东和中亚延伸至欧洲的能源、基础设施和海上联系链上发挥重要的作用。伊朗还可以通过中国政

① 根据2015年8月10日笔者与凤凰卫视记者李睿在伊朗雅利安战略研究所的访谈记录整理。

府设立的丝路基金和中国主导建立的亚洲基础设施投资银行等渠道获得更多的投融资，以解决国内经济亟待重振但又严重缺乏资金的问题。

另一方面，伊朗官方对中国推进“一带一路”沿线国家发展战略对接行动谨慎。伊朗虽然是“一带一路”沿线重要节点国家，并有积极响应的态度，但最初的行动却很谨慎，特别是避而不谈两国战略对接问题。直到 2015 年 9 月 15 日伊朗外长扎里夫访华时，才提出伊朗愿将中国的“一带一路”倡议同本国发展战略相互对接。在两国外长会见记者时，中国外长王毅表示，两国外长一致同意启动中伊建立战略伙伴关系磋商，以提升双边关系定位；一致认为可将中方的“一带一路”倡议同伊发展战略相互对接。[①] 但是，今后如何在实际行动上推动中伊在“一带一路”框架下的经济合作项目对接，尚需观察。特别是《伊核协议》达成后伊朗同西方国家特别是欧洲国家关系缓和后，西方国家重新进入伊朗市场，伊朗的选择余地扩大，其参与建设“一带一路”可能会更为谨慎。

伊朗的谨慎态度有源于历史包袱的影响，也有对现实利益的权衡。

---

① 《中国伊朗外长同意启动中伊建立战略伙伴关系磋商》，2015 年 9 月 15 日，中国日报网，http：//news. xinhuanet. com/world/2015 - 09/15/c_ 128232159. htm。

第一，尽管中伊之间没有历史积怨和现实冲突，但被侵略、被殖民的苦难经历让伊朗人从来都对外来的一切充满警惕和戒心，防范对国家安全和意识形态带来的危害和影响。"一带一路"是中国提出的新理念，伊朗的思维定式和国家安全理念决定其有必要弄清中国真实的战略意图和参与共建是否符合本国利益。伊朗文化参赞阿勒马斯耶博士指出，古代"丝绸之路"是建立在平等发展的理念之上，完全不同于西方以殖民方式谋发展，"一带一路"沿线国家不喜欢任何带有殖民目的的发展模式。在他看来，"一带一路"的定性和操作尚待具体化，只有像亚投行那样，性质和运作方式都很明确，他国才会在行动上积极参与。[①]此外，对于中国以中阿合作论坛、中国—阿拉伯博览会等中国与阿拉伯国家之间的长效合作机制为平台大力打造共建"一带一路"，伊朗心存疑虑和看法。

第二，伊朗自建立伊斯兰共和国以来，一贯强调独立自主，走自己的发展道路，与他国战略实现对接着实需要慎重考虑。伊朗有自己的国家发展战略，《20年发展远景规划》是与之相关的重要纲领性文件，核心内容是要在20年内把伊朗建设成为中东地区在政治、经济、科学技术和国防领域最强大的国家。2014年2月，在补充和完善《20年发展远景规划》的基础

① 2015年9月30日，笔者与伊朗驻华使馆正、副文化参赞座谈。

上，领袖哈梅内伊宣布了抵抗型经济总政策纲领。[①] 而且鲁哈尼上台两年来全部的精力和资源都投入到解决伊核问题和国内经济问题上，所有政策必须有助于实现解除制裁和发展经济这两大目标。

第三，伊朗政府要慎重考虑中伊发展战略对接是否会影响其与西方关系的改善。鲁哈尼当选总统后，西方对伊朗的态度逐步转变，双方互动加强，美国与伊朗的关系开始缓和。尽管有强硬派的反对，但以总统鲁哈尼和外长扎里夫为代表的温和派或者说是务实派，希望通过达成《伊核协议》来解除制裁，为伊朗经济注入新的活力。2013 年 11 月，伊朗与六国达成伊核问题日内瓦临时协议后不久，鲁哈尼总统就于 2014 年 1 月 23 日在瑞士达沃斯论坛上表示，伊朗愿与周边国家重启工业与贸易合作，与欧洲国家实现经贸关系正常化，并邀请全球能源巨头领导人到伊朗实地察看，进行投资，与伊朗展开能源安全合作。欧洲国家在本国经济不景气的情况下，也希望重返伊朗市场。2014 年 1 月 20 日，欧盟外长会做出决议，暂停对伊朗实施的部分制裁。欧洲国家高级代表团相继到访德黑兰，国际能源巨头欲重返伊朗市场。伊核问题

① 参见陆瑾《试析鲁哈尼“重振经济”的路径和制约——兼议哈梅内伊的“抵抗型经济政策”》，载《西亚非洲》2014 年第 6 期，第 132—133 页。

达成最终协议后，发展经济成为鲁哈尼政府的工作重心，引进外资则是重中之重。2015 年 8 月，鲁哈尼在一次记者招待会上表示，希望外国公司到伊朗投资和引进科技，通过双赢合作项目改善伊朗的经济。伊朗开出各种优惠条件吸引欧美企业投资本国市场，作为摆脱经济困境和形成捆绑利益推动落实《伊核协议》的有效手段。伊朗宣布已确定了总价值 1850 亿美元的 50 个能源勘探项目进行国际招标，这些项目明确无误的是为美国公司在内的西方能源公司准备的“大餐”。伊朗还宣布计划在未来十年内向美国波音和欧洲空客公司购买至少 400 架飞机以满足国内航空业的需求，并开始与欧洲知名企业洽谈关于发动机维修服务、提供飞机零配件、飞行交通控制系统和霍梅尼国际机场改造等合作业务。

伊朗从制裁下的经济走向全面开放经济，加强与西方的经贸关系将是其努力的方向，因为伊朗在着力引进资金的同时，也希望获得更为先进的技术，这就需要其在中国与西方国家之间权衡利弊，做出利益最大化的选择。因此，伊朗在“一带一路”倡议提出的最初阶段不急于推动“一带一路”框架下中伊合作项目对接，而是要等《伊核协议》进入具体落实阶段后，根据伊朗与西方特别是美国关系的发展情况而定。

（二）伊朗学术界对“一带一路”倡议的认知和了解存在差异

伊朗知识阶层非常关注中国提出的“一带一路”倡议。伊朗文化事务官员马尔泽·达什塔基说，“受到语言的限制，目前的认知途径主要通过与中国学者的学术交流活动，有一些文化、艺术方面的中国研究单位来伊朗与我们就‘一带一路’主题开会研讨，我们从他们那里获知一些相关信息”。阿勒马斯耶参赞表示，伊朗学者多次参加了在中国举办的“一带一路”学术研讨会，通过与中国学者的学术交流逐步了解“一带一路”的内涵。伊朗当代国际问题研究所（德黑兰）还出版了有关“一带一路”的专著《新丝绸之路，“一带一路”：中国为摆脱战略困境的新理念》。

有伊朗学者最初更多地从地缘政治角度看“一带一路”倡议。2015 年 9 月，在伊斯兰文化和联络组织与中国社会科学院联合举行的“国际变革与伊朗伊斯兰共和国和中华人民共和国的文化交流前景”国际学术研讨会上，有伊朗学者认为，就“一带一路”倡议提出的地区环境而言，印度对“一带一路”倡议明显存有危机感和不信任感；土耳其由于和西方过于接近，目前和将来对“一带一路”建设的重视和回应程度也会非常有限；美国更是将“一带一路”看成是中国的一种竞争性和扩张性战略；俄罗斯在共建“一带一路”问题上也非可靠合作伙伴。[①] 随着最近两年中东地缘格局的变化，伊朗学者对“一带一路”与中东地缘政治的关系的看法也有了变化。德黑兰大学世界研究院马兰迪教授认为：美国正在走下坡路，未来属于亚洲和中国，中国和伊朗都应该做好准备利用这一机遇。中国应该更加重视伊朗在中东的作用，并且通过经济合作帮助伊朗变得更加强大。中国不必过于担心美国制裁，现在的特朗普政府除了单边制裁外，对伊朗已无牌可出。欧洲在考虑自己的经济利益，不愿意跟着美国走。提升到国家战略层面的中伊关系要增加实质性的合作，“一带一路”可以起到推动作用。马兰迪教授也指出，中伊之间的相互认知目前还远不够深入，当前伊朗对中国问题的研究基础仍很薄弱。伊朗近现代与西方关系密切的历史很长，伊朗民众认识和关注中国只是近些年来的事情，短时间内改变伊朗人对中国的思想观点不太现实，但“一带一路”给中伊加强相互认知提供了一个好的机会。中国应该在两国的经济合作中把自己更多的高新技术和资金投入伊

---

① 中国社会科学院西亚非洲研究所魏亮博士根据伊朗学者在 2015 年 9 月举办的“国际变革与伊朗伊斯兰共和国和中华人民共和国的文化交流前景”国际学术研讨会上的发言整理。

朗市场，帮助伊朗抗衡美国的单边制裁，并在帮助伊朗强大的过程中逐渐使伊朗人改变对中国的看法。他说，这关键要看中国对伊朗发展前景的判断和定位，希望中国不要错过伊朗正在崛起这一时机，现在是伊朗最需要得到中国帮助的时候。美国制裁伊朗伊斯兰革命卫队，但革命卫队对中东地区的稳定、伊朗的国家安全和经济建设发挥着重大的作用。中国也在面对美国的严峻挑战及很大的周边安全压力，从各方面来看，中伊都应该进行更好的战略合作，使鲁哈尼政府没有理由为吸引资金和技术更加靠近欧洲。①

“伊朗当代国际研究所（德黑兰）”的中国和中东问题专家雷扎·巴尔霍德达里研究员从鲁哈尼总统第二任期的工作重心出发，认为伊朗对中国加大在伊朗的投资寄予厚望。他认为，无论美国如何逼迫伊朗犯错误，伊朗都会坚守《伊核协议》。鲁哈尼第二任期的工作重心已经明确，就是集中力量发展经济，外交要全力为经济建设服务，因此，伊朗对中国加大在伊朗的投资抱以厚望。但他也指出，由于中伊双方在“一带一路”项目对接上存在需求差异，导致双方对经济合作现状的不满情绪有增无减。巴尔霍德达里特别提到中国的发展模式对于伊朗有着重要的借鉴作用，

① 根据陆瑾博士 2017 年 6 月 21 日、7 月 28 日和 8 月 12 日与德黑兰大学世界研究院马兰迪教授三次交流记录整理。

他说，近代以来，伊朗曾努力学习日本和德国的经验，但“向西看”和“向东看”都没有找到自身发展的成功之路。中国近几十年来经济快速发展的经验已经引起伊朗的关注，伊朗曾就学习中国的发展模式多次组织召开内部讨论会。伊朗领导层和学界在借鉴中国经验问题上已拥有很多共识。①

德黑兰大学外语学院汉语系主任阿明提出他个人对“一带一路”倡议的理解，即最初只是一个合作的框架和平台，每个希望在共建中有所收获的国家需要自己设定目标，然后积极争取双方对接成功。他指出，伊朗很多人对“一带一路”认识不清，对中国“一带一路”框架下的项目投资期望值过高。2016 年习近平主席访问伊朗以来，中伊经济合作项目对接进展与预期差距很大，伊朗一味地抱怨中国在观望特朗普的对伊政策，而没有认识到中国“一带一路”并不是不考虑风险和回报的乱投资。

（三）伊朗民众对“一带一路”缺乏深入了解

伊朗民众主要是通过新闻媒体来了解中国的“一带一路”倡议。伊朗民众能理解“丝绸之路经济带”

---

① 根据陆瑾博士 2017 年 8 月 13 日与“伊朗当代国际研究所（德黑兰）”的中国和中东问题专家雷扎·巴尔霍德达里的交流记录整理。

或“新丝绸之路”的字面含义，但对于“一带一路”术语普遍不熟悉，即使听说过也不知其意。陆瑾博士在伊朗实地调研期间，接触的伊朗普通民众如出租车司机、售货员、商人等都表示没听说过“一带一路”，但“丝绸之路”却无人不晓。一位书店售货员说，伊朗正处于变化时期，年轻人非常关心时事，每天通过互联网和媒体（报纸、电视和广播）途径获取有关国家政策和国际问题等信息。他表示对中国的“丝绸之路”计划有印象，大概与中伊政府关系相关，但不知道具体内容，也不知道与伊朗的普通老百姓有什么关系。① 伊朗驻华使馆文化参赞阿勒马斯耶博士说，伊朗媒体报道了在西安和福州举办的两届“丝绸之路国际电影节”，在背景资料里介绍了中国的“新丝绸之路”计划。文化交流活动是伊朗民众认知“一带一路”倡议的另一个有效的途径，如 2015 年 8 月中国爱乐乐团在德黑兰举行了百人规模的“2015 · 丝绸之路”巡演。当时在伊朗调研的陆瑾博士亲眼见证了两国音乐家首次联合演出在伊朗产生的巨大轰动效应和演出现场感人的场景。伊朗驻华使馆前文化参赞萨贝基先生观看演出后表示，中伊两国音乐家的合作让他想起了古丝绸之路时期中国和伊朗音乐家们在长安城一起表

① 2015 年 8 月 3 日，陆瑾博士在德黑兰革命大道一家书店与售书者的交谈。

演的美好时光。伊中友好协会主席阿哈德·穆罕默迪认为，设立联合文化中心，建立丝绸之路博物馆，共同生产诸如丝绸之路音乐、电影文化艺术产品，可以对认知与复兴丝绸之路产生影响。①

总之，随着中国提出、推进和落实“一带一路”倡议，几年来伊朗在认知和回应方面发生了一些积极的变化。最初，伊朗各界有意愿了解“一带一路”倡议，但受条件所限多数人只是有所耳闻或有一些浅显的认识，非常期待中国政府加大对“一带一路”相关政策的宣传力度。随着时间的推移，一些政府官员和学者们的关注点从“一带一路”倡议的路线图、侧重区域和重点国家逐渐转向伊朗作为合作者能够获得哪些现实利益和如何推动合作项目的实施。伊朗研究国际问题的专家、学者们更多地从中国外交和经济战略，以及地缘政治层面来理解和思考“一带一路”倡议。相关的论文和专著正在越来越多地进入伊朗公众的视野，将有助于提高那些对“一带一路”仍缺乏了解的民众的认知。

---

① 2015年10月10日，伊中友好协会阿哈德·穆罕默迪主席在《2015年“中国伊朗关系研讨会”（两国友协年会）》上的发言。

五　中伊共建“一带一路”的新机遇和新发展

2016 年 1 月，中国国家主席习近平成功访问伊朗。在这次访问中，习近平主席与伊朗领导人叙说传统友谊、规划双边关系、对接发展战略，取得了丰硕成果，为中伊共建“一带一路”带来新的机遇。一年多来，在中伊双方的共同努力下，共建“一带一路”取得了新的进展。

（一）习近平主席访问伊朗助推中伊关系迈上新台阶，夯实了中伊共建“一带一路”的政治基础

中国和伊朗自 1971 年建交以来，两国关系经受了国际风云变幻的考验，双方相互理解，相互尊重，在许多重大的国际和地区问题上持相同或相似的看法，

政治互信不断增强，在政治、经贸等领域的友好合作关系平稳发展。尽管近10年来美伊矛盾的激化和国际社会对伊朗的制裁使中伊经贸合作水平的提升受到一定程度的掣肘，但在就伊朗核问题进行的谈判进程中，中国坚持客观公正的立场，在关键时刻提出“中国方案”、贡献“中国智慧”，为达成伊朗核协议发挥了重要的建设性作用。在伊朗遭受美国等西方国家的经济制裁的困难时期，中国继续全方位地与伊朗发展关系，被证明是一个值得信赖的合作伙伴，为双边共建“一带一路”打下了坚实的政治基础。

2016年1月习近平主席访问伊朗，这是时隔14年后中国最高领导人首次访问伊朗，也是在国际社会结束对伊朗制裁之际推动落实中伊两国发展战略对接的重要举措。习近平主席访问伊朗取得了一系列重要成果，标志着中伊关系开启一个重要的时代。

第一，中伊宣布建立全面战略伙伴关系。2016年1月16日晚，欧盟外交与安全政策高级代表莫盖里尼与伊朗外长扎里夫在维也纳发表共同声明，宣布伊核问题全面协议“执行日”到来。1月22—23日，习近平主席对伊朗进行国事访问，是伊朗核协议正式执行后伊朗迎来的首位外国元首，一方面彰显了中国支持伊核问题得到全面、长期和妥善解决的立场，另一方面表明中国政府重视推进中伊关系进一步发展的战略考量。在习近平主席访问期间，伊朗方面感谢中方为促成政治解决伊朗核问题做出的重要贡献，表示将铭记中方长期以来给予的支持和帮助。伊朗最高领袖哈梅内伊在会见习近平主席时对中国独立自主的外交政策大加赞赏，并表示伊朗一直寻求与中国等更独立的国家拓展合作。[①] 在此基础上，双方一致同意建立全面战略伙伴关系，使中伊关系迈上了新台阶。中伊领导人对于两国关系未来发展方向的顶层设计有助于增进两国的战略互信。

第二，中伊就共建“一带一路”达成诸多共识。习近平主席访问伊朗期间，中伊签署了共建“一带一路”等一系列合作文件，其中包括《关于共同推进丝绸之路经济带和21世纪海上丝绸之路建设的谅解备忘录》，以及涉及能源、产能、金融、投资、通信、文化、司法、科技、新闻、海关、气候变化、人力资源等各领域的17项合作协议。对于各领域务实合作的重点，习近平主席指出，要把能源合作作为“压舱石”，在能源领域建立长期稳定合作关系；把互联互通合作作为“着力点”，开展铁路、公路、港口、矿产、通信、工程机械等领域合作，落实好有关基础设施建设

① 新华社：《习近平会见伊朗最高领袖哈梅内伊》，2016年1月24日，新华网，http://news.xinhuanet.com/world/2016-01/24/c_1117872883.htm。

项目；把产能合作作为“指南针”，加强经济产业政策沟通和对接，引导两国优势互补企业加强合作，构建全方位、宽领域、多元化的产能合作格局；把金融合作作为“助推器”，积极探讨研究新的金融合作模式，加强在亚洲基础设施投资银行框架内合作。对于中国邀请伊朗搭乘“一带一路”号快车重返国际经济舞台，伊朗最高领袖哈梅内伊指出，愿意与中国加强经济和安全合作。中方提出的“一带一路”倡议恰逢其时。伊朗是“一带一路”沿线重要国家，愿在共建“一带一路”过程中发挥更大作用。[①] 鲁哈尼总统表示，伊方愿同中方深化经贸、投资、能源、金融、环保等领域合作，积极参与“一带一路”建设。[②] 议长拉里贾尼认为，两国签署共建“一带一路”等一系列合作文件，有助于用好各自优势，对接发展战略。[③] 中伊双方同意研究制定未来 25 年的全面合作协议，并计划 10 年内将贸易额扩大至 6000 亿美元。

---

① 新华社：《习近平会见伊朗最高领袖哈梅内伊》，2016 年 1 月 24 日，新华网，http：//news. xinhuanet. com/world/2016 －01/24/c_ 1117872883. htm。

② 新华社：《习近平同伊朗总统鲁哈尼举行会谈》，2016 年 1 月 23 日，新华网，http：//news. xinhuanet. com/world/2016 －01/23/c_ 1117872740. htm。

③ 新华社：《习近平会见伊朗伊斯兰议会议长拉里贾尼》，2016 年 1 月 24 日，新华网，http：//news. xinhuanet. com/world/2016 －01/24/c_ 1117872874. htm。

第三，提升了“一带一路”倡议在伊朗各界的影响。鲁哈尼总统在与习近平主席的会谈中表示，“伊方重视中方在国际事务中的重要作用，铭记中方长期以来给予的支持和帮助，感谢中方为推动伊朗核问题政治解决做出的贡献。新形势下，伊方愿同中方保持高层交往，深化经贸、投资、能源、金融、环保等领域合作，积极参与‘一带一路’建设，密切双方在国际事务中沟通协调”。[①]

为欢迎习近平主席访问，《伊朗报》与中国国际广播电台合作共同推出了8个版面的“中国特刊”，其中包括向伊朗读者介绍中国历史以及中国在航空航天、新能源汽车、人工智能等领域的成就，以及“一带一路”和亚投行等中国倡议。在习近平主席访伊期间，伊朗广播电视节目、伊斯兰共和国通讯社、《德黑兰时报》等媒体进行了积极正面的报道。在启程前往德黑兰之前，习近平主席在伊朗媒体上发表题为“共创中伊关系美好明天”的署名文章，引起广泛的关注和议论。伊朗迈赫尔通讯社国际部主任古拉姆扎德表示，习近平主席的文章深情地回顾了中伊两国源远流长的文明交往史和患难与共的当代友谊，让伊朗人民深受

---

① 新华社：《习近平同伊朗总统鲁哈尼举行会谈》，2016 年 1 月 23 日，新华网，http：//news. xinhuanet. com/world/2016 - 01/23/c_ 1117872740. htm。

触动，对进一步发展与中国的关系充满期待。伊中商会会长阿斯哈拉迪表示，习近平主席在文章中对“一带一路”的阐述，让伊中贸易的参与者都倍感振奋。他注意到文章中写到，中国在资金、技术、装备等方面已经形成较大优势。伊朗资源丰富，劳动力充足，市场潜力大，处于推进工业化、现代化进程的关键阶段。中伊资源禀赋和合作优势互补性强。他认为，这种合作对于伊朗来说非常重要，伊朗需要中国方面的帮助，习近平主席的访问是两国共享繁荣发展的重要机遇。德黑兰大学政治系教授齐巴卡拉姆说，习近平主席的文章提到，伊中两国将建立全面战略伙伴关系，增进政治互信，深化在多边框架内的合作。他相信，中伊两国携起手来，必将开创更美好的未来。从伊朗国内对习近平主席访问的反应来看，习近平主席对伊朗的访问极大地夯实了两国友好的社会和民意基础。

习近平主席访问伊朗以来，中伊双方保持了频繁的高层交往，且内容不断深化，政治互信进一步加强，通过各领域的深化合作加强战略合作伙伴关系成果显著。2017 年 4 月，国务院副总理刘延东访问伊朗，以全面落实习近平主席访问伊朗的成果，进一步推动中伊全面战略伙伴关系取得新进展，将两国领导人重要共识转化为更多实实在在的合作成果。刘延东表示，“一年来，双方在政治、经贸、能源、农业、人文等领域合作取得重要进展。中方愿同伊方加强各层次交往，深入对接发展战略，在‘一带一路’框架下加强能源等传统领域合作，同时深挖产能、互联互通、产业园区等新兴领域合作潜力。加强在多边事务中沟通与协调。进一步拓展科技、教育、文化、医药卫生等领域合作，推动中伊人文交流合作取得更多成果”。刘延东与伊朗副总统萨塔里共同见证签署两国科技、文化、艺术等领域双边合作文件。①

在政治互信进一步加强的同时，中伊双边军事关系也不断发展。2016 年 11 月，国务委员兼国防部长常万全访问伊朗，与伊朗国防部长德赫甘举行会谈，双方在加强反恐和安全合作方面达成了重要共识。常万全表示，“近年来，两军高层互访不断，在舰艇互访、人员培训等多领域进行了良好的合作。中方愿与伊方一道，认真贯彻落实两国元首达成的重要共识，推动两国两军关系迈上新台阶”。② 2017 年 6 月 15 日中国海军远航编队抵达伊朗阿巴斯港，开始进行为期 4 天的友好访问，在霍尔木兹海峡东部海域举行联合演习。

---

① 新华社：《刘延东与伊朗副总统萨塔里举行会谈》，2017 年 4 月 22 日，新华网，http：//news. xinhuanet. com/politics/2017 - 04/22/c_1120856721. htm。

② 新华社：《常万全与伊朗国防部长举行会谈》，2016 年 11 月 14 日，新华网，http：//news. xinhuanet. com/mil/2016 - 11/14/c_ 1119911148. htm。

伊朗海军第一海防区司令阿扎德准将说，中国海军编队的来访，有助于进一步提升两国两军关系。[1]

（二）双边经贸关系不断深化，共建“一带一路”的经济纽带日益牢固

中伊两国长期以来保持着良好的双边关系，政府间具有较高的政治互信，这是中伊经济合作的坚实基础。两伊战争结束后，伊朗百废待兴，急需技术、资金和设备投入，在这种情况下伊朗将中国作为优先考虑的经济合作伙伴。20 世纪 90 年代，在中伊两国经济政策的激励下，部分具备“走出去”条件的中国企业和大量中国制造的机械设备进入伊朗市场，并逐渐被认可。进入 21 世纪以来，越来越多的中国企业以产品价格优势跻身伊朗市场，中伊经贸合作涉及贸易、投资和工程承包等领域，在 2000—2008 年不到 10 年的时间里，两国贸易额增长了近 10 倍，其中中国从伊朗进口石油量不断大幅提高是主要因素。2012 年，美欧开始对伊朗实施严厉的经济和金融制裁后，西方企业纷纷撤离伊朗，但是中国企业仍然继续坚持与伊朗开展正常的商贸活动，

① 新华社：《中国海军远航访问编队抵达伊朗进行友好访问》，2017 年 6 月 15 日，新华网，http：//news. xinhuanet. com/world/2017 - 06/15/c_ 129633876. htm。

并购买了近半的伊朗出口石油，这对于增加伊朗财政收入，缓解西方制裁带来的经济负担起到了重要的作用。目前，伊朗是中国海外工程承包、成套设备和技术出口的最主要的市场之一，而中国则是伊朗原油出口最大、最稳定的市场。尽管受到国际社会对伊朗的经济制裁的影响，中伊双边贸易额在近几年有较大波动，但截至2016 年中国已连续 8 年保持伊朗第一大贸易伙伴国的地位。其中，2014 年双边贸易额达到 518.5 亿美元，创历史最高纪录。2017 年以来，中伊贸易增长势头强劲。1—7 月贸易额达到 208.6 亿美元，同比增长 26.8%，其中中国出口 104.3 亿美元，同比增长 21.3%，中国进口 104.3 亿美元，同比增长 32.9%。[①]

"一带一路"框架下的中伊经济合作不断取得成果。2016 年 2 月，满载中国日用百货、服装、五金等小商品的集装箱货车从义乌出发，途经哈萨克斯坦和土库曼斯坦抵达伊朗，实现了伊朗与中国东部经济发达地区的陆路连通，标志着"丝绸之路"中伊段已投入运营。此外，中伊签订的造价 21 亿美元的德黑兰—马什哈德铁路电气化改造项目已正式开工建设，其中造价的 85% 由中国进出口银行提供融资贷款，伊朗交通运输部

① 商务部亚洲司：《2017 年 1—7 月我对亚洲国家（地区）贸易统计》，中华人民共和国商务部网站，http：//yzs. mofcom. gov. cn/article/g/date/201709/20170902646074. shtml。

提供贷款担保。伊朗与中石化和中石油签订了雅达油田二期项目和北阿扎德甘油田二期项目的谅解备忘录，涵盖石油天然气的勘探开发、设备制造、提炼和石油化工等一系列的合作项目。中伊签署了在伊朗南部格什姆自贸区修建石油码头的合同，拟将格什姆岛建成伊朗最大的石油产品生产和储存地。中伊签署政府间《关于动物卫生及动物检疫的合作协定》及中伊农业部《关于加强渔业合作的谅解备忘录》等文件。近期，伊朗马什哈德地铁2号线列车完成首次载客试运行，“中国造”地铁列车再次展现了中国制造技术的精湛和魅力。

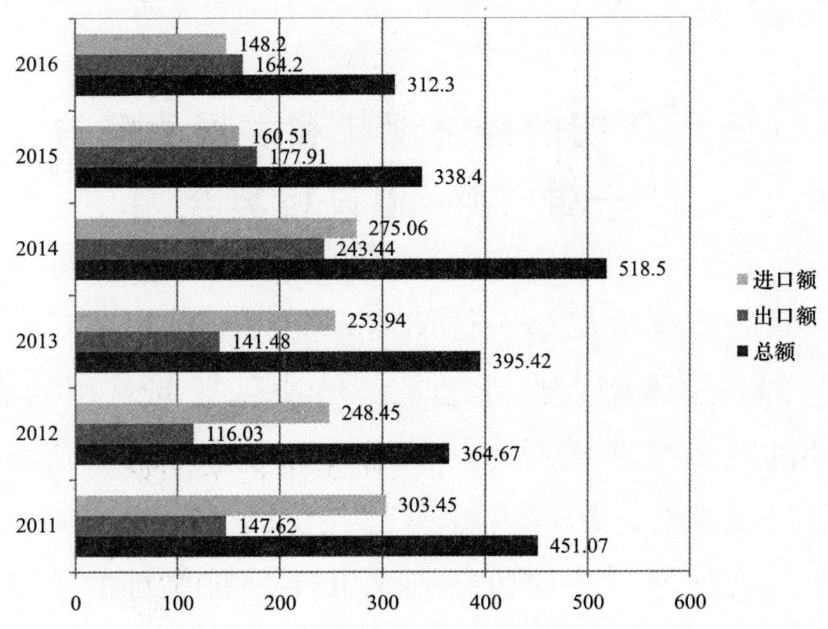

表6　2011—2016年中国对伊朗贸易额（亿美元）

资料来源：商务部亚洲司，中华人民共和国商务部网站，http：//yzs. mofcom. gov. cn/article/g/。

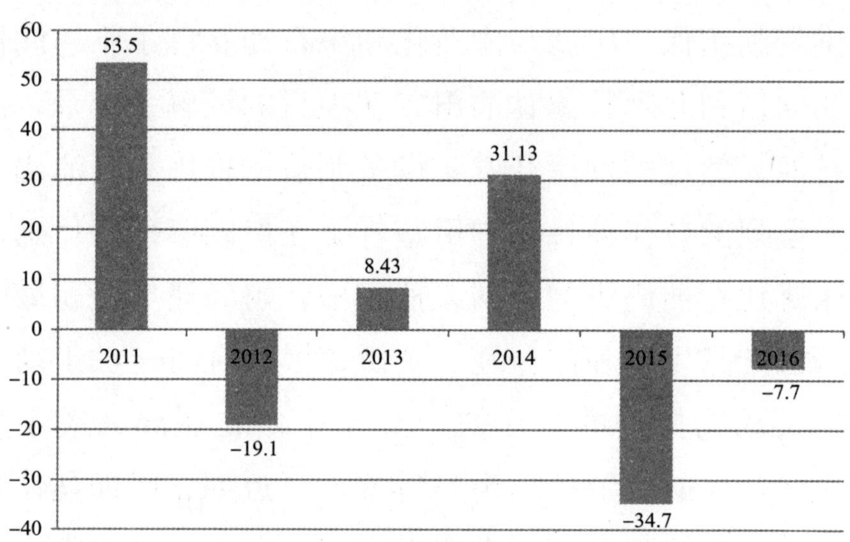

表 7 2011—2016 年中国对伊朗贸易年增长率（%）

资料来源：商务部亚洲司，中华人民共和国商务部网站，http：//yzs. mofcom. gov. cn/article/g/。

（三）伊朗的经济现状和发展战略与“一带一路”倡议相契合

首先，鲁哈尼第一任期内未能完全兑现“经济繁荣”的大选承诺，当务之急是解决就业与贫困问题，伊朗的经济发展规划与“一带一路”倡议中“五通”构思高度契合。2017 年 3 月起，伊朗开始执行第六个五年发展计划。计划包括未来五年一些关键的经济目标和工业目标，如发展现代化铁路运输；提升工业和采矿业领域活动的附加值等。

伊朗作为中东第三大经济体，工业化基础较好，但还处于初期阶段。尽管伊朗经济总量位居本地区前列，但人均 GDP 不敌海湾阿拉伯产油国、土耳其和以色列。自鲁哈尼总统上台以来，伊朗与西方关系缓和，经济发展的外部环境大大改善。2015 年，伊朗在世界银行发布的国际商业环境排名中从 152 位攀升至 118 位。①

伊朗经济发展受结构性缺陷制约。由于将石油作为经济发展的主要资金来源，国际市场石油价格波动是造成伊朗经济不稳定性的重要因素。伊斯兰革命后的历届伊朗政府都大力促进非石油经济发展，以摆脱对石油经济的过分依赖，但经过三十多年的努力远未实现建设多元化经济的目标。自 2012 年 7 月美欧对伊朗实施能源和金融制裁以来，因出口量减少、国际贸易结算受阻和油价大幅下跌等原因，伊朗石油收入占财政收入的比例显著下降，但至今仍维持在 30% 左右。2014 年原油价格暴跌以来，伊朗经济发展面对诸多困难反映了经济高度依赖石油的结构性弊病。达成《伊核协议》给伊朗带来的现实利好是能源和海运制裁被解除。随着 2016 年 1 月《伊核协议》正式生效，伊朗在摆脱能源制裁后石油出口快速恢复，一定程度抵消了低油价对政府财政收入的影响。但美国金融制

① 中国驻伊朗经商参赞处：《伊朗将出台吸引外资路线图》，2015 年 12 月 17 日，中华人民共和国商务部网站，http：//www. mofcom. gov. cn/article/i/jyjl/j/201512/20151201212821. shtml。

裁未解，石油美元收汇仍受制约。2015 年，伊朗的石油收入 200 亿美元，仅为 2011 年的六分之一，而且其中大部分被冻结在海外，只有小部分汇入国家石油公司和国家发展基金。政府收入大减导致投资和金融信贷的严重不足，很快就反映在生产和就业方面。除工业园外，伊朗有 3.6 万个生产单位，其中 7000 个处于停产和半停产状态，从而失去 13 万个工作岗位。[①] 失业率居高不下，尤其是青年失业率高是伊朗政府面临的严峻挑战。

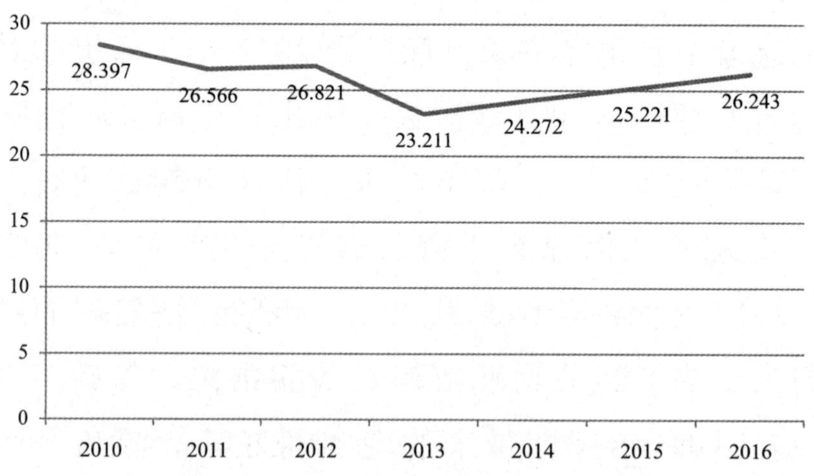

表 8　2010—2016 年伊朗 15—24 岁青年人失业率（%）

资料来源：世界银行数据，世界银行网站，https：//data. worldbank. org/indicator/SL. UEM. 1524. ZS? locations = IR。

① 《伊朗副总统回应政府现行政策的批评者》，2016 年 3 月 20 日，新闻在线网，http：//www. khabaronline. ir/detail/522372/Politics/government/2016 - 3 - 20/。

此外，伊朗石油地租型的经济发展模式在很大程度上决定了产业结构的落后性。石油生产是一种能源资本密集型产业，而伊朗的非石油产业以农业和矿业为主，制造业和服务业在伊朗经济中的比重明显不足，制造业缺乏本国主打的自主品牌，尤其是电子产品、耐用消费品在很大程度上依赖进口。在伊朗，石油及相关产业吸纳的劳动力十分有限，且社会性别歧视严重，导致大量青年人尤其是妇女失业问题严重，创造就业只能靠其他产业来解决。据国际货币基金组织预测，制裁解禁后，伊朗的基础设施投资将会带动建筑业的繁荣，估计能创造100万个就业机会。大多数伊朗青年受教育程度较高，在就业上倾向于选择现代化、专业性强的行业，如科技含量较高的制造业、通信业、电子商务等现代经济部门在伊朗正有待于加速发展。以伊朗的互联网行业为例，虽然该行业发展潜力巨大，但其发展易受到政治意识形态因素的负面影响。然而打造本国的主导产业，尤其是研发能够与国外产品竞争的自主品牌，实现产业的升级换代，需要大量的资金和技术投入。

其次，吸引外资、引进技术、发展非石油工业是鲁哈尼第二任期内着力解决的问题，中国是伊朗获得资金和技术的希望所在。

鲁哈尼政府希望通过改善商业环境、提高劳动力市场效率来推动改革，促进外资和私人资本投资和非石油行业发展，尽快在解决就业和减贫问题上取得明显成效。

资金匮乏和技术落后是制约伊朗经济发展的瓶颈。伊朗《金融论坛报》2017 年 5 月 31 日报道，伊朗石油产量已从之前的 300 万桶/天增至 380 万桶/天，业内人士认为，以伊朗现有的能力恢复到 2011 年 400 万桶/天的水平已是上限。然而伊朗的目标是在 2021 年将产油能力提高到 480 万桶/天，完成老旧设备和技术的更新总共需要约 2000 亿美元的投资。包括未来伊朗石油产量是否能够继续提升和达到 570 万桶/天的远期目标，这些都要取决于拥有先进技术的国际石油公司投资伊朗能源项目的力度。伊朗的天然气资源还处在欠开发的状态，如果伊朗天然气领域能够获得投资，其产量有很大的提升空间。

伊朗第六个五年发展计划强调金融部门的现代化，包括在国内和国外投资者的参与下改善资本市场和保险公司业绩，提出以必要的奖励来吸收外国投资，每年吸引价值 120 亿美元的外国直接投资。鲁哈尼政府希望通过改善商业环境、提高劳动力市场效率来推动改革，促进外资和国内私人资本投资和非石油行业发展，尽快在解决就业和减贫等涉及民生的问题上取得进一步的成效。

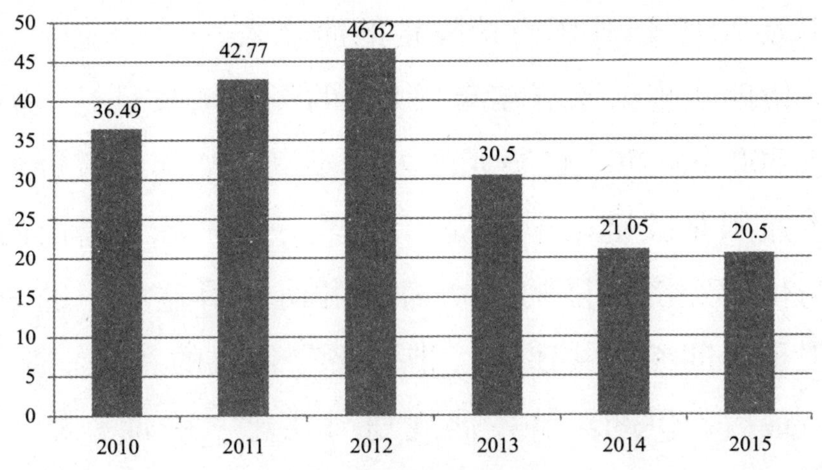

表9 2010—2015 年伊朗外国直接投资净流入（亿美元）

资料来源：世界银行数据，世界银行网站，https：//data. worldbank. org/indicator/BX. KLT. DINV. CD. WD? locations = IR。

鲁哈尼 2013 年就任总统以来一直致力于采取各种手段和措施大力吸引外国投资和技术。在 2015 年 1 月 4 日的一次经济会议上，鲁哈尼表示，“伊朗不会放弃其原则，但是只有对外开放，我们才能尽快从经济衰退当中恢复过来”，“伊朗不能继续视外国投资为洪水猛兽”。[①] 但是，受到美国和伊朗关系的不确定性的影响，尤其是担心触及美国对伊朗单边制裁的“红线”，国际资本流入伊朗的速度和数量也远低于预期，2013—2015 年外国直接投资的净流入呈下降态势，甚

① 《伊朗总统称勿将外资视为洪水猛兽　经济隔绝或终结》，2015 年 1 月 5 日，环球网，http：//world. huanqiu. com/exclusive/2015 - 01/5343853. html。

至不及2010年外国直接投资的净流入。

伊朗实现未来五年年均8%的经济增长目标，需要吸收300亿—500亿美元的外国投资，如何突破资金和技术瓶颈是关键。中国提出的“一带一路”倡议的主旨与伊朗经济发展的迫切需求可谓相得益彰，进一步增强了伊朗参与共建“一带一路”倡议的意愿。

最后，伊朗经济发展规划与共建“一带一路”倡议高度契合，双方在互联互通和产能合作的领域合作广泛。

根据伊朗最高领袖哈梅内伊建设“抵抗型经济”的指示，鲁哈尼第一届政府制定了一系列以发展产业和增加就业为核心的中长期计划，鼓励外国企业以投融资或技术转让方式参与伊朗的经济建设，将重点放在拓展国内制造业上，使本国工业要向强有力的出口型转变，以扩大国内生产，降低对原油和天然气出口的依赖，提升伊朗经济自主能力。连任后，鲁哈尼总统强调将继续经济改革和对外开放政策。在中伊长期经济合作的基础上，发挥中国的优质产能及资金优势，伊朗的资源和市场辐射优势，中伊两国企业在互联互通和产能领域合作的空间和潜力非常大。

油气工业领域。油气工业不仅是伊朗经济最重要的支柱产业，也是中伊产能合作的重要领域。石油收入是伊朗经济的生命线，美欧解除对伊朗的经济、金融和能源制裁为伊朗重返国际原油市场扫清了障碍。作为世界主要石油生产国，提高石油产量和出口量是伊朗增加国家发展基金最便捷的途径。2016 年 2 月中旬，第一批 400 万桶的伊朗原油运抵欧洲，标志着伊朗已迈出了回归国际原油市场的第一步。2017 年 5 月 22 日至 6 月 21 日，伊朗原油日产量达到 390.1 万桶，这是国际制裁解除以来伊朗原油日产量首次超过 390 万桶。伊朗计划在 2017 年年底前将石油日开采量提高至 400 万桶，并在 2025 年实现年产 1.8 亿桶。根据有关超越卡塔尔在南帕斯气田产量的计划，从 2016 年 3 月 20 日伊历新年起，伊朗将努力使天然气日产量超过 10 亿立方米的目标，在 2017—2018 年度达到每日生产 11 亿立方米，其中 7.5 亿将来自南帕斯气田。在 2025 年，将天然气日产量提高到 12 亿立方米。目前，卡塔尔正在南帕斯这个与伊朗共享的世界最大气田以超过伊朗 1.6 倍的速度获取天然气。伊朗计划 2017 年凝析油产量达到 100 万桶/日。2021 年，国内炼油厂将能够日均处理 100 万桶天然气凝析油和 330 万桶原油，即能处理本国 64% 的油气产出。

但是，伊朗必须吸纳外国资金和技术才有可能实现上述宏伟目标。伊朗石油产量的 75% 来自 9 个高龄油田，其产量正在急剧下降，老旧炼油厂生产设施需要更新，联合油气田提产需要增加资金投入。伊朗石油部长称，只要急需的400亿美元的年投资额不能到位，就不能达到2016—2021年间每日生产460万桶石油的目标。此外，需要2000亿美元的投资来增加共享油气田的产出，并实现可持续发展。石化产业是经济增长的推动力，伊朗迫切需要完成增值生产链和增加出口，但年均投资需要120亿美元。除了从国家发展基金中获取，伊朗石油部只能通过私营企业和外国投资渠道募集这些资金。为吸引外资和提升产量，伊朗设计了新版石油合同以代替现有回购合同模式，并向投资者推出70个价值300亿美元的石油和天然气开发项目，其中包括52个油气项目和18个勘探区块。①

中国企业在伊朗开展油气合作有良好的合作基础及资金优势，通过投资伊朗的油气开发项目，扩大与伊朗在油气产业上下游领域的全方位合作以保证自身的能源供给安全。油气贸易方面，伊朗是中国海外原油主要进口来原地之一，中国是伊朗最大和最稳定的原油出口市场，2014年中国进口伊朗原油2750万桶。

---

① 中国驻伊朗经商参赞处：《伊朗五年计划将提升石油产出至每日470万桶》，2016年2月21日，中华人民共和国商务部网站，http：//www. mofcom. gov. cn/article/i/jyjl/j/201602/20160201259270. shtml；《伊朗石油部长：伊天然气产量将在2年内超越卡塔尔》，2016年2月28日，中华人民共和国商务部网站，http：//ir. mofcom. gov. cn/article/jmxw/201602/20160201264116. shtml；《德黑兰石油大会透露伊朗新油气合同框架更多细节》，2015年12月2日，中华人民共和国商务部网站，http：//www. mofcom. gov. cn/article/i/jyjl/j/201512/20151201199915. shtml。

西方解除对伊朗制裁后，“环球银行金融电信协会”（SWIFT）对伊朗银行业重新开放，中国可以根据自身需求不受约束地购买伊朗石油。随着中国对清洁能源需求的不断增大，中国将是伊朗未来天然气出口的重要市场。两国在天然气生产、输油管道建设等基础设施和资源开发领域具有巨大的合作空间。

技术服务方面，伊朗已制定了南北管道项目、天然气出口管道、油气储库和码头等涉及油气基础设施的规划，为中国石油工程建设、物资装备等相关企业提供了良好的合作机遇。伊朗的炼厂扩能改造需要外国投资和关键技术，给中国炼化行业带资输出技术提供了机遇。装备出口方面，随着伊朗石油行业迎来大发展，工程技术服务和装备制造需求将随之增长，有望成为中国油气装备制造出口伊朗和中国石油工程技术服务企业加强与伊朗合作的新市场。

汽车制造领域。伊朗的汽车行业是继石油和石化行业之后的最大产业。汽车产业合作在中伊经贸合作中一直占据着重要的位置。伊朗位居全球汽车厂商排名第 18 位，汽车年销售量超过百万辆，产值占 GDP 的 10%。根据伊朗 10 年规划，要将本国汽车产业发展成为地区第一、亚洲第五和全球第十一。根据这一规划，伊朗将每年制造 300 万辆轻型汽车和 12 万辆重型汽车，其中三分之一的轻型车和四分之一的重型车将出口。[①] 多年来，伊朗政府大力扶植伊朗霍德罗（IRANKHODRO）和塞帕（SAIPA）汽车制造集团，但当前的经济形势决定了政府已无力继续支持这两家国有汽车制造公司和干预企业定价。鲁哈尼政府把汽车产业私有化列为经济日程上的关键任务，欢迎伊朗国内企业和外国企业建立合资公司，以提高产品质量和促进出口，扩大伊朗汽车在区域和国际市场的份额。伊朗政府拟禁止非国有的私人汽车进口商非理性地进口汽车，只允许有正式执照的进口商经营。这项措施迫使外国汽车制造商在伊朗投资设厂，并解决汽车的售后服务问题。新的法规规定汽车进口商必须选择在当地生产，或者与伊朗当地的汽车制造商合作共同生产。此外，外国进口的汽车总量不应该超过伊朗当地汽车生产的一半。隶属于伊朗工矿贸易部的贸易促进组织（TPO）已于 2017 年 7 月底停止向新申请的汽车进口商发放进口许可证，以限制国外整车进口，保护本国汽车产业。

尽管深受伊朗民众喜爱的西方车企都瞄准了伊朗汽车市场，但中方有自己独特的竞争优势。从 2004 年奇瑞与伊朗 MVM 公司开始合作，出口成套散件组装整

① 驻伊朗经商参赞处：《伊朗称将在未来十年内推动其汽车产业跃居区域第一 亚洲第五》，2016 年 3 月 9 日，中华人民共和国商务部网站，http：//ir. mofcom. gov. cn/article/jmxw/201603/20160301271036. shtml。

车起，发展到今天，奇瑞伊朗合资公司已成为仅次于伊朗两大国企霍德罗和赛帕的第三大汽车企业，是伊朗第一大外资汽车企业，市场保有量超过26万台。直接或间接为当地创造了超过1万个就业机会，员工本地化比例超过99%，中层及以上管理层中本地人超过50%，过去两年在伊朗的年销售量在所有外资品牌中排名第一，市场保有率达5.5%。在伊朗标准化质量检测评估（ISQI）中，奇瑞整车质量始终处于当地市场前列，已成为伊朗当地知名度最高和信誉最有保障的中国品牌之一。[①] 2003年巴姆大地震后，伊朗政府为外国汽车制造企业专门在巴姆建立Arg-e-Jadid经济特区，以帮助重建该地区和为当地居民提供就业岗位。该经济特区向汽车制造商提供激励措施，以吸引汽车制造商在该地区投资建厂。据估计，Arg-e-Jadid经济特区共有包括奇瑞在内的200家小型、中型和大型汽车制造商和汽车零部件公司。

除奇瑞外，中国汽车品牌如江淮、长城、北汽、一汽、中国重汽、华晨、力帆、吉利、众泰等也以合资生产线和CKD生产线方式（以全散件形式进口整车部件，在当地组装成整车）在伊朗投资。在习近平主

① 《奇瑞扩建伊朗汽车工业园　成伊第一大外资汽车企业》，2016年1月22日，环球网，http：//auto.huanqiu.com/news/2016－01/8431245.html。

席访问伊朗的推动下，作为“一带一路”倡议贯彻实施的最新成果，奇瑞伊朗汽车工业园的扩建签约得到伊朗相关部门和当地政府大力的支持。中国将与伊朗合作共建中伊汽车产业园区，以集群形式推动中国车企进入伊朗。但是，中国车企面临着伊朗汽车业市场竞争不透明等问题。

矿业领域。伊朗是中东矿产资源最为丰富的国家，未来的矿产收入有可能超过油气收入。伊朗目前有超过3000个可开采矿，铜、铁及重稀土元素的潜在价值巨大。位于伊朗西北地区的3个大型矿藏，在50米地下已经可确定蕴藏370亿吨总价值7000亿美元的矿产。已探明铁矿储量为47亿吨，其中4个大型铁矿的总储量就达30亿吨。中国是伊朗最大的铁矿石输入国，尽管近期中国对伊朗铁矿石的需求下降。受制裁影响，伊朗长期对矿业投资不足，采矿设备老化，技术落后，多数矿业公司只以50%左右产能营运。伊朗的矿业经济目前占本国GDP的0.6%，而其矿产资源潜力却排在全球前15名。在伊朗“20年发展愿景规划”中提出将吸引200亿美元的投资以支持矿业的发展，伊朗工矿部已向境外投资商推出295亿美元的矿业开发项目。

中伊两国在铝、金等矿产资源的开发与冶炼方面有长期良好合作的基础。中国有色集团在伊朗已签约执行和待执行的工程项目合同总金额40多亿美元，承建的项目先后为伊朗生产出第一块铬铁合金、第一块锰铁合金、第一块钼铁合金、第一块锌锭、第一批氧化铝，为伊朗奠定了有色冶金工业基础。伊朗虽然铁矿石储量丰富，但受制于炼钢和轧钢能力，每年还需要进口大量的钢材成品，而伊朗国内的基础设施建设将导致对钢产品的需求大幅提升，报告预测，伊朗建筑业将从2015年的207亿美元增长到2024年的418亿美元，其间平均增长率达2.9%。在伊朗"20年发展愿景规划"中提出，钢铁生产能力将达到6500万吨，粗钢年出口量达到1000万吨，为此，伊朗急需提高钢铁冶炼能力，而中国在钢铁冶炼方面具有优势，两国钢铁企业间的产能合作是互利双赢的选择。

电力工业领域。伊朗把发展电力工业作为国家的优先选择，该领域需要500亿美元的投资。伊朗的发电能力，目前居地区第1位，世界第14位。中国的核电、火电和水电与伊朗有长期合作的基础，并具有国际竞争力，能够契合伊朗的需求。中国将在建设伊朗新核电站、改造阿拉克反应堆、技术转让、通过投资实施合资项目等方面扮演重要角色。根据伊朗"20年发展愿景规划"，伊朗能源产能将达12万兆瓦。伊朗目前名义发电能力为7.4万兆瓦，其中6.1万兆瓦来自火力发电，1.2万兆瓦来自水力发电，另有1000兆瓦来自核电，每年的电力消费增长约7%。到2025年，伊朗将建设9个核电站，届时该国10%的电力将通过核电输出。同时，老旧发电厂完成升级以提高其产能和效率。目前伊朗是中东地区最大的电力出口和进口国。伊朗向亚美尼亚、巴基斯坦、土耳其、伊拉克和阿富汗出口电力，并与阿塞拜疆和亚美尼亚签有电力互换协议。①

交通基础设施领域。交通基础设施建设是伊朗经济发展战略的重点方向。在伊朗，公路占交通运输的90%，陆路交通基础设施远不能满足日益增长的客运和货运需求。目前，伊朗有普通公路14800公里和高速公路2500公里，在建的高速公路有3200公里。第六个五年发展规划提出，伊朗的高速公路通车里程要超过7000公里。

鲁哈尼政府一直将提高铁路运力作为拉动经济增长的重要手段，积极吸引外资扩展铁路网络和争取实现铁路在交通运输中的比重达到20%。伊朗政府计划到2025年将全国铁路客流量提高3.5%，铁路货运量

---

① 中国驻伊朗经商参赞处：《伊朗能源部长透露伊20年能源发展目标》，2015年10月27日，中华人民共和国商务部网站，http://www.mofcom.gov.cn/article/i/jyjl/j/201510/20151001148274.shtml；《伊朗能源部长：伊朗、阿塞拜疆、格鲁吉亚和俄罗斯将建设连接四国电力传输线》，2016年2月22日，中华人民共和国商务部网站，http://ir.mofcom.gov.cn/article/jmxw/201602/20160201264118.shtml。

提高8.5%。在全国范围内实施广泛的铁路电气化工程，每年新增约500公里的铁路网。目前，伊朗全国有铁路12500公里，其中窄轨铁路8273公里，包括146公里电气化铁路；宽轨铁路94公里。中国拥有世界上最长的运营铁路里程，凭借造价、工期、质量、性价比的优势，中国公司完全进入伊朗高铁建设市场。伊朗基础设施工程集团MAPNA已经和中国中机公司及苏电集团就德黑兰—马什哈德铁路电气化改造项目达成协议，其中21亿美元造价的85%由中国提供贷款融资。项目全部竣工后，将有70辆中国机车以250公里的时速在该段铁路上行驶。随着铁轨和信号的改进，该项目预计能将德黑兰至马什哈德段的行程从现有的12小时缩减为6小时，并将年货运能力增加至1000万吨。

城市轨道交通建设是提高轨道交通运力的重要组成部分，伊朗计划2020年前在德黑兰建成13条地铁线，设拉子、伊斯法罕、阿瓦士、马什哈德等城市也计划修建地铁。中国公司承建的德黑兰地铁数条线路运营以来赢得了良好声誉，为今后在其他城市承建地铁项目积累了经验，更具竞争力。

金融领域合作。2015年6月，伊朗财经部长阿里·塔布尼亚塔在北京参加亚洲基础设施投资银行基础框架协议签署仪式时与中国财政部部长楼继伟会面，讨论了拓宽双边经贸关系的方案。在会谈中，两国财政部长都强调了加深双边合作的重要性。2015 年8 月，伊朗出口发展银行（EDBI）宣布该行将与中国银行（Bank of China）合作，其首席执行官阿里·萨勒哈巴尼称，中国银行是世界前十大银行之一，出口发展银行将在金融及合资项目领域与之开展合作。伊朗出口发展银行是伊朗的进出口银行，完全国有，向伊朗出口和投资者提供金融及其他银行服务。[①]

2016 年 8 月，伊朗财经部分别与中国进出口银行、国家开发银行签署谅解备忘录，将共同为中伊经贸项目提供融资。中国进出口银行提供的贷款额度没有上限，中国国家开发银行的贷款额度为 150 亿欧元。此外，伊朗央行将在中国进出口银行开设欧元、人民币账户以促进银行合作、资金汇兑。中国进出口银行将向伊方提供长期的低息优惠贷款，涵盖道路、港口、交通、工厂、通信、工业园区、油气、医疗卫生、农业和旅游等领域。

目前，中国出口信贷保险公司提供了 13 亿美元的信贷，以资助中石化对伊朗阿巴丹炼厂进行升级改造项目。中国昆仑银行与北京中伊商会签署两国企业国

---

① 中国驻伊朗经商参赞处：《伊朗将与中国开展银行合作》，2015 年 8 月 27 日，中华人民共和国商务部网站，http：//ir. mofcom. gov. cn/article/express/jmyw/201508/20150801093912. shtml。

际产能合作母基金（有限合伙）合作备忘录，总规模为50亿元人民币，用于推动中伊双边国际产能合作。中伊金融合作获得重大突破是深化两国务实合作迈出的重要一步，必将为投资、融资、产品置换等多种模式的经贸合作提供更好的服务。

六　中伊共建“一带一路”面临的挑战与风险

站在新的历史起点，中伊两国经贸合作迎来新的发展机遇。伊朗国内市场对工业技术改造和制造业升级换代有巨大的需求，并对通过丝路基金、亚投行及其他途径获取来自中国的更多投融资充满期待，中国也在积极推动具有世界顶尖技术的中资企业参与伊朗高铁、卫星、通信、核电等高新技术产业建设，以“高标准、高技术、高价值”打造中伊合作新模式，推动中伊共建“一带一路”取得实质性进展。但是，我们必须清醒地认识到，中伊共建“一带一路”仍面临着诸多严峻挑战，在投资重大对接项目时仍有相当大的风险，对挑战和风险要有充分的认识和行之有效的管控手段。

(一) 中伊对共建“一带一路”面临存在认知差距的问题

正如伊朗德黑兰大学外语学院汉语系主任阿明所说，伊朗很多人对“一带一路”认识不清，对中国“一带一路”框架下的项目投资期望值过高。结果造成中伊经济合作项目对接进展与预期差距很大，伊朗抱怨中国在观望美国特朗普政府的对伊政策。实际上，伊朗抱怨中国投资不积极，根源并不主要在中国。

解除制裁以来，中国在投融资方面已经比西方国家及韩国、日本甚至俄罗斯做得都好。尽管伊朗与这些国家签订了很多融资项目协议，但没有一个大的、像样的项目落地。投融资问题的关键在于，除担心美国单边制裁外，伊朗的主权信用担保也是关键问题。从伊朗的营商环境角度看，伊朗全球投资综合指数排名176，这是具有可信度的第三方评估结果，足以说明对于投资方来说伊朗仍有很多投资障碍，如：对伊朗资产评估难，国际律师事务所、会计事务所等机构不健全，又不让有经验的西方相关机构进入这些领域。美元是重要的投资币种，但进出伊朗困难，伊朗汇率又不稳定，货币长期贬值状态，给外国投资者带来很大的风险。中国对伊朗市场非常重视，带资开发了很多项目，涉及多个领域，有些工程项目完成多年，仍未能结汇。而伊朗方面在签订新项目合同上，不仅优先考虑西方公司，而且同一个合同中区别对待中国和西方公司。伊朗给法国道达尔公司的投资条件比给中国企业的要优惠很多，允许其中途有条件地撤资，中国的任何项目都没有可能获得这样的待遇，但中国一直在给伊朗提供投融资。

一些在伊朗的中资企业尤其是石油方面的企业认为，伊朗是执行项目难度最大的地区之一，难点在于项目合同本身，伊朗对产量有明确的要求，投资商自主权小。伊朗的一系列规定使项目推动缓慢，甚至影响工期。这种条件只有中国人能够承受。伊朗更信任西方公司，给它们的条件优惠，解除制裁后中国石油公司处于“夹缝里求生存”状态。中资项目驻地的伊朗民众对中国人友好，但宗教和民族特性决定了与中方工作人员之间缺乏相互的文化认同感，而企业文化不同也带来一些工作上的冲突。中资企业并非样样都比不上西方，需要伊朗在合作中逐渐认知。

伊朗学术界对“一带一路”倡议的理解也存在偏差，他们更多的是从中国的中东政策角度来理解“一带一路”，认为中国在中东的投入更多的是关注自身的经济利益和能源安全。这说明伊朗学术界对中国问题、中国与伊朗关系、中国外交政策的研究十分欠缺。伊朗的国家问题研究以重视程度排序是伊美关系、伊欧关系和伊朗与中亚的关系。

（二）中国在伊朗推进"一带一路"建设面临激烈的竞争

鲁哈尼政府上台以来积极改善与西方国家特别是欧洲国家的关系，欧洲国家高级别的代表团纷纷到访德黑兰，给伊朗更快地重返国际社会和获取经济发展迫切需要的资金提供了有利的条件。深陷经济困境的欧洲国家看好伊朗市场并瞄准了伊朗 1000 亿美元的海外冻结资金。2015 年 7 月伊朗与六国就核问题达成全面协议后的几个月时间里，访问伊朗的 140 个经济代表团中有 70 多个来自欧盟国家，积极寻求经贸合作，给伊朗在"后制裁时代"更快地重返国际社会和获取经济发展迫切需要的资源带来希望。

从伊朗人的内心而言，更倾向于西方的资金和技术。伊朗与西方尤其是欧洲国家经济关系改善已取得一定的成效。2016 年 1 月伊核全面协议执行后，鲁哈尼立即率团访问意大利、梵蒂冈和法国，与意大利和法国签订了数百亿美元的经贸合作协议，显示出伊朗欲通过加强与欧洲的经贸关系来突破资金和技术瓶颈的迫切愿望。此后，伊朗与欧洲多国签订了总计数百亿美元的经贸合作协议，伊欧贸易呈现大幅增长，欧洲重新开始购买伊朗石油，伊朗收到来自法国空客公司交付的飞机。

伊朗与俄罗斯的关系近年也取得长足发展。双方不仅在叙利亚危机等地区热点问题上展开战略合作，在经贸领域的合作水平也快速提升。2015 年 11 月 23 日，俄罗斯总统普京抵达伊朗参加天然气输出国论坛峰会并访问伊朗，这是普京 8 年来首次访问伊朗。两国领导人除了就地区热点问题交换意见，加强合作外，经贸合作是普京此访的重要内容，以便在针对伊朗的制裁被解除后，俄罗斯企业能抢占商机。在油气资源方面，油气资源都储量丰富的两国寻求更多的合作而非竞争，尤其是积极合作对资源进行开采、运输和转运等，寻求国际能源市场的话语权。

2016 年 2 月 4 日，正在伊朗访问的伊朗最高领袖哈梅内伊的高级顾问阿里·阿克巴尔·韦拉亚提表示，伊朗已与俄罗斯签署价值 400 亿美元的合同，其中涉及多个工业基础设施项目。他表示，过去几个月内伊俄双方通过谈判签署的多项合同将于近日正式开始执行。韦拉亚提表示："我们与俄方签署的合同涉及核能生产、布什尔核电站二号和三号核反应堆机组的全面建设，以及新能源工厂和铁路网络的建设。"① 2017 年

① 《伊朗学者透露俄罗斯与伊朗已签署价值 400 亿美元合同》，2016 年 2 月 5 日，环球网，http：//news. xinhuanet. com/world/2016 -02/05/c_ 128706835. htm。

3月28日，俄罗斯总统普京与到访的伊朗总统鲁哈尼举行会谈并签署联合声明。普京在会谈后的新闻发布会上说，俄伊关系是友好和相互尊重的，两国同意就深化各领域合作进行对话，继续巩固互利关系，全力将双边关系提升为新层次的战略伙伴。普京说，2016年俄伊双边贸易额增长70%以上，两国应继续加紧落实贸易和产业合作路线图，为加强粮食、本币结算和银行业等领域的交流创造有利条件。普京说，在会谈中双方对能源合作给予了特别关注。[①]

2016年5月23日，印度总理莫迪到访伊朗，这是印度总理15年来首访伊朗，受到外界广泛关注。莫迪表示，他此次访问伊朗旨在全面提升两国关系。他说，两国签署了多项投资合作协议，其中恰巴哈尔港的合作协议"具有重要的里程碑意义"。鲁哈尼表示，两国准备将双边关系从纯商业联系提升至全面的经济合作。印度官方非常重视对伊朗恰巴哈尔港的投资。恰巴哈尔港位于伊朗锡斯坦—俾路支斯坦省南端，靠近伊朗与巴基斯坦的边境地区，距离中巴经济走廊的终点、巴基斯坦的瓜达尔港不到100公里。印度报业托拉斯援引莫迪的话说，印方准备对恰巴哈尔港投资5

---

① 新华社：《普京：俄罗斯和伊朗将向新层次战略伙伴关系迈进》，2017年3月29日，新华网，http://news.xinhuanet.com/world/2017-03/29/c_1120713013.htm。

亿美元。印度与伊朗还谋求和阿富汗联合使用恰巴哈尔港。此外，莫迪此访还寻求解决印度对伊朗欠下的石油债务问题。伊朗曾是印度的第二大原油供应国，但由于国际制裁和付款方式分歧等原因，印度欠下伊朗数十亿美元石油债务。莫迪希望借此访解决这一问题，同时探寻与伊朗在油气资源方面的进一步合作。

（三）伊朗市场体系不健全带来的风险

第一，在政策方面，伊朗地方政策多变，并且经常落实不到位，政府官员岗位变动都有可能导致政策不延续。伊朗工作签证难办、难延长是长期未能解决的问题。第二，在法律方面，伊朗国内许多单行法规规定了外资准入某一特定产业领域的门槛或限制条件。如果合同规定发生纠纷时根据伊朗法律裁决，外国人打赢官司的可能性不大。第三，在外汇方面，伊朗汇率容易出现大幅波动，而且外汇出入境受到严格的管控。制裁未完全解除之前，外汇进出渠道十分不畅。第四，在税收方面，伊朗增值税不断调高，对进口消费品征收高额关税，并通过调高关税保护国有资源。第五，伊朗劳工部要求在伊朗注册的外资企业在伊朗员工的人数与本地员工人数之比为1∶3，并给本地员工每年涨工资10%—20%和为他们缴纳占工资总额

23%的社会保险。第六，在工作效率方面，在伊朗执行项目所耗费时间一般是国际标准的数倍，项目工期拖延是常态。工作效率低是主要原因，其中包括管理能力低、员工请假过多等问题，如伊朗人经常请假参加亲朋的婚丧仪式。

（四）美国单方面制裁的风险

达成和落实伊核问题全面协议标志着伊核问题得到阶段性的解决，后续执行将长达8年，顺利执行10年后，安理会将给伊朗核问题最终结案。2016年1月16日伊核全面协议迎来“执行日”，欧盟和美国宣布解除与伊朗核问题相关的经济和金融制裁，联合国安理会也终止了所有相关制裁伊朗的决议，但并不意味着与伊朗开展经贸合作可以不考虑制裁因素，美国并未取消以“支持恐怖主义”“人权问题”“弹道导弹试射”等名义对伊制裁。

伊核全面协议是美欧与伊朗出于各自的利益做出妥协的产物，存在不满意和模糊之处。自2015年12月以来，因伊朗革命卫队多次试射弹道导弹，引起西方国家不满。美国及一些欧洲大国认为，伊朗的导弹试射活动是对联合国安理会要求伊朗不要进行核导弹试验决议的公然对抗。伊朗则坚称，导弹问题不容谈判，伊朗试射的导弹仅用于自我防卫。伊朗方面认为，联合国安理会第 2231 号决议要求伊朗不能进行任何能搭载核武器的弹道导弹相关活动，包括利用弹道导弹技术的发射，而伊朗没有核武器，因此导弹试射不在决议规定的范围内。美伊双方就伊朗是否违约争论不休，并仍将继续。

事实上，美国在伊核全面协议开始执行的次日就宣布了针对伊朗导弹试射的新制裁，并对伊朗的继续试射行为不断挥舞进一步实施单边制裁的大棒。伊朗最高领袖哈梅内伊和一些高级官员公开指责美国不守承诺，仍然在坚持对伊朗的部分制裁，尤其是限制伊朗进入国际金融体系。美国金融机构不允许伊朗使用美元结算，更不要说融资和投资。一些欧洲国家、欧洲公司访问伊朗，但会谈成果都未实施。主要原因是欧洲银行害怕遭到美国制裁和惩罚，未开始对伊朗提供全面服务，一些美国金融机构明确警告欧洲银行不要与伊朗合作。

2017 年 1 月 20 日特朗普入主白宫后，开始兑现其对伊朗采取强硬政策的大选承诺，核心目标是阻止伊朗获得核武器和遏制伊朗在中东地区的扩张。特朗普先后颁布了两个版本的“禁穆令”，伊朗都位列其中。1 月 29 日，伊朗试射了一枚中程弹道导弹。美国强烈谴责伊朗的试射，指责伊朗此举违反了联合国安理会

2231 号决议。2 月 3 日，美国财政部以回应伊朗试射弹道导弹及“支持恐怖主义”为由开始对伊朗实施新一轮的制裁。被列入制裁名单的 12 家实体机构和 13 名个人被认定参与伊朗弹道导弹项目，为伊朗获取、采购弹道导弹技术和材料提供帮助。根据制裁决定，受制裁者在美国司法管辖范围内的财产将被冻结，美国公民禁止与其进行交易。美国总统、国防部长和国家安全顾问等高级官员相继发声，抨击伊朗“玩火”和对国际社会采取敌对行动，警告称美国对伊朗坐视不理的日子已经结束，美国将采取包括武力在内的一切措施对付伊朗的挑战。

3 月初，伊斯兰革命卫队试射一枚名为“霍尔木兹 2 号”（Hormuz 2）的海基弹道导弹，成功摧毁 250 公里外的目标，并测试了 S—300 防空导弹系统。除反舰弹道导弹外，伊朗还展示了多款具备海峡封锁能力的武器装备。此外，伊朗国防部长宣布启动五条战斗和防御装备的生产线以增加新军事装备，以及伊朗自主研发的 F—313 “征服者”轻型双座单发隐形战斗机进入生产的最后阶段，将准备进入各种不同阶段的测试。伊朗还计划在阿曼湾沿岸建成现代化的海军基地。伊朗海军舰艇将继续在也门南部亚丁湾水域活动，以保证该海域的安全。

3 月 21 日，美国以伊朗坚持试射导弹为借口，再次扩大对伊制裁。美国国务院发表声明，称已决定对违反禁令向伊朗、朝鲜和叙利亚出售大规模杀伤性武器相关设备与技术的 11 个单位和个人实施制裁。5 月 17 日，美国财政部对部分伊朗官员和公司实施制裁。18 日，伊朗外交部对美国 9 个个人及公司实施制裁，并发表声明称，被制裁的美国个人和公司都直接或者间接与以色列政府在巴勒斯坦领土上的犯罪行为有关。

美国的制裁给其他国家与伊朗开展正常的商贸活动带来严重制约。根据伊核全面协议，奥巴马政府解除了自 2012 年以来适用于非美国实体在美国以外从事涉伊活动的制裁，并表态不反对他国与伊朗发展经贸关系及允许离岸银行机构与伊朗开展美元交易。尽管伊朗金融机构已恢复与“环球银行金融电信协会”（SWIFT）的联系，但由于美国国会通过的《对伊朗制裁法案》《对伊朗全面制裁、撤资、问责法》等最重要的对伊朗制裁法案都仍然有效，对外资和技术进入伊朗市场构成严重制约。而且美元的霸权地位决定了国际清算结算在很大程度上要经过美国金融系统。因此，即使国际商业机构使用其他货币与伊朗进行大额交易，在实际操作中也很难绕过美国金融系统。美国国会参议院现已将《对伊朗制裁法案》延长至 2026 年年底。除技术、法律等障碍外，美国还可能以导弹、人权和支持恐怖主义等其他问题为借口增加对伊朗的单边制裁。

（五）中东地缘政治动荡的风险

伊朗重返国际社会后，试图从区域性大国和世界主要石油生产国两个维度对中东地缘政治和世界经济施加更大的影响，激化了其与传统竞争对手沙特的矛盾，加剧了中东地区的不稳定。

2013 年之前，美国坚定地站在其盟友沙特一边，伊朗是被打压的对象，沙特比伊朗在中东地缘政治中更具战略优势。随着美国奥巴马政府中东政策调整和战略重心向亚太转移，美伊关系缓和，伊朗与六国达成伊核问题全面协议。沙特随之逐渐失去优势地位，并与美国产生隔阂。沙特试图通过升级地区冲突的方式迫使美国“选边站”，从而逆转伊朗与美欧关系改善的局面，同时达到增加后制裁时代伊朗发展的压力。

沙特还与伊朗展开以石油生产为手段的地缘政治博弈。自重返国际原油市场后，伊朗快速提高了石油产量。沙特将其视为争夺市场份额的强劲对手，而且不能接受伊朗获得重振经济的资本，也难以继续承受油价下跌给自身财政和经济带来的重负，遂联合一些 OPEC 成员国和非 OPEC 产油大国举行多哈商讨会，决定实施将各国产量冻结的计划。伊朗拒绝加入多国

“冻产计划”，坚决不放弃恢复其在国际原油市场的份额和产出，并以低于沙特的价格向欧洲出口原油。

特朗普入主白宫后，实行对伊朗的强硬政策，在中东与沙特联手构建反伊朗同盟，使沙特与伊朗的矛盾更趋激化。但是，从特朗普访问沙特以来的中东局势来看，特别是从沙特等国与卡塔尔断交事件来看，沙特依靠美国压制伊朗的希望似乎落空了，这迫使沙特调整外交策略，试图以分化什叶派阵营来削弱伊朗的影响。最近，以亲伊朗、反美著称的伊拉克什叶派宗教领袖萨德尔访问沙特，沙特的目的更多的是要利用伊拉克国内对伊朗的不满情绪来分化伊朗与伊拉克的关系，从而达到分化什叶派阵营的目的。总之，沙特与伊朗的矛盾在短期难以得到解决，这必将影响到地区诸多热点问题的解决，中东动荡局势将持续。

此外，随着国际社会打击“伊斯兰国”的反恐斗争不断取得进展，恐怖主义对伊朗国内构成的安全压力正在加大，尤其是在边境地区，这可能使中伊互联互通和产能合作项目，特别是能源合作项目增加应对安全风险的成本。

七 应对挑战与风险的对策建议

鉴于中伊共建“一带一路”面临着诸多挑战和风险，我们必须做好充分的应对挑战和风险的准备。化解中伊双边经贸合作中存在的问题和风险，需要构建官方和民间的双轨沟通机制；中国企业在伊朗进行经贸活动时要提升产品质量，遵守伊朗当地法律法规；双方要探索新的融资渠道，规避资金风险；要加强安全意识，保证生命财产安全。

（一）加强中伊双边多渠道的沟通，缩小对“一带一路”倡议的认知差距

缩小中伊双方对“一带一路”倡议的认知差距，要从官方、学界、民间多渠道入手。从官方而言，在伊朗方面洽谈对接项目时，要讲清楚中方的原则是共商、共建、共享，不是中国单方面的对外投资行为。

要加强政府间的高效沟通和制度建设。中伊双方的政府执行机构应在增强互信、减少抱怨的基础上从政策层面予以配合，健全相关制度，加大支持力度。建议由双方执行部门联合组建专门的机构服务于“一带一路”经贸合作，负责协调工作。伊朗方面已先行一步，在国内成立了一个跨部门的专设委员会，其成员来自不同的政府相关部门，以及私有企业和经济实体。双方执行部门应在实际调研的基础上，列出彼此在各领域的重要关切和问题清单，进行对口协调、协商，争取获得本国政府在财税、融资、保险等方面政策上的支持。

中国的学术界要增加与伊朗同人的交流，要准确地介绍“一带一路”倡议的核心思想是互利共赢、共同发展，不要动辄将“一带一路”倡议与中国的外交战略挂钩，避免让伊朗学术界从地缘政治的角度解析“一带一路”倡议，从而使中伊共建“一带一路”有共同的发展理念的支撑。中伊双方智库要加强合作研究，可以考虑成立“中伊丝绸之路研究院”，借助“丝绸之路”这个平台，加强发展理念的交流。中国学术界和新闻界要在伊朗主流媒体上多发声，更多地直接介绍中伊在“一带一路”倡议框架下合作的进展情况，为伊朗智库和学界研究人员提供更翔实可靠的第一手资料。同时建议中国相关部门为中国学者提供更多更及时的信息，让学者通过公共外交渠道对中伊合作发声，以减少伊朗对中方的无端猜疑和指责。

要加强中伊两国民间的人文交流，以伊朗民众可以理解的古代“丝绸之路”是连接中伊友好关系的桥梁入手，使“一带一路”倡议逐步深入伊朗民众心中。文化交流活动是伊朗民众认知“一带一路”倡议的一个有效的途径，如前面提到的中国爱乐乐团在德黑兰举行的“2015·丝绸之路”巡演。

（二）改善在伊朗市场上中国产品的质量，提升“中国制造”的竞争力

中伊经贸合作能有今天的规模和大批中国企业被伊朗市场接纳，是双方长期共同培育情感和市场的结果。未来中国产品要想在具有更多竞争对手的伊朗市场增加自己的份额，就必须在保证价格优势的同时保证产品的质量。以华为手机为例，之所以能够成为伊朗民众公认的一流的中国产品，是因为其在保证价格优势的同时还拥有全球领先的技术。如果有更多类似于华为手机这样的中国产品进入伊朗市场，势必将扭转伊朗民众对“中国制造”的偏见，从而提升中国品牌产品的受欢迎度。同时，中伊双方需要进一步健全

质检和海关双边合作机制，以法律法规约束劣质商品进出两国海关，共同维护两国的利益。

（三）加强中国企业防范风险和遵纪守法意识

过去，长期活跃在伊朗市场的主要是中国大型央企、国企和民企，这些企业不仅积累了丰富实践经验，而且对伊朗了解较为全面，具备较强的抵御风险的能力。近两年来，大批中国中小民营企业蜂拥而至寻找商机，一些新问题随之出现：部分新涉足伊朗市场的企业只关注到共建“一带一路”和达成《伊核协议》能够带来商机，并未认真研判过市场风险；对伊朗的相关法律、法规等认识粗浅，甚至不知道酒类属于违禁品；不了解伊朗的商业文化环境或缺乏国际贸易的基本常识，对市场认识不充分、定位不准确，如误以为电子商务不发达的伊朗是低端市场，为进入中伊合作项目清单，不负责任地降低条件和承诺伊方业主能够融资等。中国政府研究机构和相关部门应该为国内企业提供更多的公共产品和服务。中国商务部有必要加强项目协调，继续坚持项目支持函制度和采取调控融资等手段，有效防范出现企业之间压低价格和扰乱市场的恶性竞争。在伊朗投资的企业在签订合同之前一定要认真审阅协议文本，确定解决商业纠纷所依照的法律是伊朗法还是国际法；在计算成本时，要考虑到工期、汇率、税率变化等一系列问题。

（四）探寻从双边向多边合作共建“一带一路”的新路径，将美国单方面制裁和中东地缘政治动荡带来的风险降到最低

“一带一路”这个由中国发出的倡议，已经写入联合国大会和联合国安理会决议，转化为国际共识。100 多个国家和国际组织表达积极支持和参与“一带一路”建设的态度，40 余个国家和国际组织同中国签署共建“一带一路”合作协议。“一带一路”建设被各方寄予厚望。“一带一路”是向世界开放的，是一首全世界共同奏响的人类命运交响曲。由此，应把中伊共建“一带一路”看成是构建亚欧大陆互联互通的第一步，逐步从双边向多边推进，最终实现共同繁荣。

当然，现阶段由于各国利益的不同，在能源、投资、市场等诸方面存在竞争是不可避免的。中国应以积极的姿态看待这种竞争，以自身的优势在竞争中取胜，而非为了赢得某个项目而不顾投资回报。

美国单方面制裁伊朗和中东地缘政治动荡均不是

短期内可以解决的，化解这方面风险最好的办法就是形成多种形式的多边合作，如中国—伊朗—欧洲、中国—伊朗—俄罗斯、中国—中东多国、中国—伊朗—中亚等多种形式的多边合作。多边合作的重点是要争取德国和法国与中国共同在伊朗展开经贸合作，将风险分解。特朗普政府意欲废止伊朗与六国签署的核协议，但这不是美国一家能决定的，欧洲国家是不可能同意的。正如伊朗副总统兼伊朗原子能组织主席萨利希所言，美国的制裁“意在恶化伊朗的营商环境，阻挠大企业和银行与伊朗展开合作”。[①] 美国以导弹等问题制裁伊朗已经引起欧洲国家的不满，如果美国继续加码制裁伊朗，将极有可能引起欧洲的反弹，因为欧洲国家不能眼睁睁看着伊朗这个大市场而无所作为。因此，美国如果采取更为严厉的制裁措施，可能就是中国和欧洲国家加强在伊朗的合作的机会。

作为安理会常任理事国和世界第二大经济体，中国正在承担起更多的国际责任。中国与中东国家均保持着良好关系，可以借此推动中东和平与对话，坚持政治解决地区热点问题来实现地区恢复稳定和秩序，为在中东推动共建“一带一路”创造一个更安全的环境。

① 《伊朗副总统：美国制裁意在恶化伊朗营商环境》，2017 年 9 月 9 日，环球网，http：//world. huanqiu. com/hot/2017 –09/11230517. html。

（五）进一步扩宽金融领域的合作，积极探索新的融资渠道

美国对伊朗的最新制裁对伊朗营商环境的影响主要表现在金融制裁，即美国不允许伊朗使用美国的银行体系。目前欧洲多家能源巨头在伊朗核协议生效以后仍不敢贸然进入伊朗油气开采领域，其原因就是国际原油交易是以美元结算的。因此在做伊朗大型项目投融资成本核算时，中方一定要考虑到美国对伊朗制裁带来的损失。

近年来，人民币国际化已取得重要成果，特别是以人民币结算石油交易取得了进展。目前全球一些最大的能源出口国，包括俄罗斯、伊朗、阿联酋，已经同意接受人民币结算。在中东、俄罗斯等重要的能源供应地区，均建立了人民币清算中心。从 2012 年开始，伊朗已接受用人民币结算其向中国供应的一部分原油，但占比不是很大。实践证明，以人民币结算石油交易是一个供需双方都可以获利的办法，可以继续扩大人民币结算的比例，以绕过美国的金融制裁。法国能源巨头道达尔是当前为数不多的积极进军伊朗市场的欧洲能源企业之一。据伊朗媒体报道，为了规避美国对伊朗保留的金融制裁风险，道达尔目前也在尝

试建立起自己的渠道来执行与伊朗相关业务的银行交易。①

建议在伊朗加快推出人民币定价机制，扩大现有人民币结算业务，把伊朗作为人民币国际化的重要市场。中方应该抓住机遇，减少顾虑，加大对伊朗基础设施建设、产能合作等领域的投资。同时，尽快探索出新的融资渠道，为中伊经贸和两国企业提供更多的资金支持。

---

① 国际在线：《为避美国制裁风险　道达尔欲建立自身伊朗业务交易通道》，2017 年 4 月 3 日，国际在线网，http：//news. ifeng. com/a/20170403/50883233_ 0. shtml。

结　语

通过对中国和伊朗共建“一带一路”所面临的机遇和挑战的调查和研究，我们认为，伊朗作为一个在中东有分量的经济体，其经济发展规划与“一带一路”倡议具有巨大的相通性，两国在政策沟通、设施联通、贸易畅通、资金融通、民心相通上具有广阔的合作空间。可以相信，中国和伊朗本着共商、共建、共享的原则，缩小认知差距，扩大共识，积极防范风险，共建“一带一路”不仅会增进两国人民的福祉，也能够为世界贡献新的发展理念。

陆瑾，北京大学波斯语言文学专业本科，德黑兰大学波斯语言文学专业硕士和博士。现任中国社会科学院西亚非洲研究所副研究员、海湾研究中心副秘书长，主要从事中东国际关系和伊朗问题研究。发表了《鲁哈尼政府外交政策与地区稳定》《试析鲁哈尼“重振经济”的路径和制约——兼议哈梅内伊的“抵抗型经济政策”》《历史与现实视阈下的中伊合作：基于伊朗人对“一带一路”认知的解读》《“一带一路”视角下中国与伊朗的经济合作》等数十篇论文及研究报告，出版专著有《利玛窦〈中国纪〉波斯文本研究》（波斯语）和《伊朗——东西方文明的汇合点》等。

王建，毕业于北京大学历史系世界史专业，现任中国社会科学院西亚非洲研究所副研究员，主要从事中东政治和国际关系研究，发表了《叙利亚危机缘何难以平息》《2013 年以色列政局回顾与展望》《中东地缘政治格局变化与中阿经贸发展长远战略》《从巴以冲突透析中东政治动荡的根源》《军队再埃及争执和经济秩序重建中的作用》《中东国家和地区治理困境的根源》等数十篇学术论文及研究报告。